人工智能教程 ⑩

C++ 语言基础教程

主　　编　陆德旭

本册作者　冯宝庆　孙岩涛

青岛出版社
OINGDAO PUBLISHING HOUSE

序

自 AlphaGo 打败世界围棋顶尖高手李世石以来，人工智能（Artificial Intelligence）成为社会各界普遍关注的焦点，人脸识别解锁、刷脸支付、智能语言翻译、无人驾驶等技术也已成熟或渐渐成熟，走入我们的日常生活，改变着我们的生活方式。人工智能已成为全球必争的战略制高点，许多国家纷纷提出人工智能战略政策，推动人工智能发展。

作为教育领域研究者，大家普遍认识到教育具有未来实践的指向性，我们培养的人不仅是生活在当下的人，而且是生活在未来和创造未来社会的人。因此，我们必须着眼于未来的社会需要，来变革当前的教学内容和教学方式。为培养未来人工智能社会需要的人，我国政府制定了一系列政策，推动人工智能相关教育及产业的发展。2017 年 7 月 8 日，国务院印发《新一代人工智能发展规划》，提出了"实施全民智能教育项目，在中小学阶段设置人工智能相关课程，逐步推广编程教育"，"支持开展人工智能竞赛，鼓励进行形式多样的人工智能科普创作"。教育部出台的《教育信息化 2.0 行动计划》要求"完善课程方案和课程标准，充实适应信息时代、智能时代发展需要的人工智能和编程课程内容"。

无论是从国家的政策要求还是从教育的基本规律来看，人工智能相关人才培养都离不开基础教育阶段的系统化教育。从教育的要素来讲，成功的人工智能教育离不开优秀的人工智能教育课程资源和教材。因此，我国的大量研究者和实践者在人工智能教育方面都在努力探索、不断创新，我们也看到了丰硕的成果。

由陆德旭老师带领的团队编著的《人工智能教程》是这些优秀成果中的代表之一。该系列教程着眼于未来社会人才培养的要求，以人工智能教育为主题，由思维培养入手，逐渐过渡到基础的图形化编程语言学习，再延伸到智能机器人编程、Python 语言等，涵盖了从小学到高中的各个学段人工智能相关课程内容，体系比较完整，而且融入了大量来自教学一线实践的案例，也给我们研究者

带来很多启发和思考。

  人工智能教育不是将来时，而是现在进行时，值得我们教育理论研究者和实践者关注，值得我们共同研究。希望陆德旭老师团队编著的系列教程能够为更多地区开展人工智能教育提供借鉴，也希望编著团队能够基于实践的反馈继续提升、继续优化，不断编写出更优秀的教程。

北京大学教育学院副教授　尚俊杰

2018 年 9 月

前　言

　　国务院于 2017 年颁布了《新一代人工智能发展规划》，明确提出"实施全民智能教育项目，在中小学阶段设置人工智能相关课程，逐步推广编程教育"，"支持开展人工智能竞赛，鼓励进行形式多样的人工智能科普创作"。

　　与此同时，中小学信息技术教学也迎来了重大变革：新颁布的《普通高中信息技术课程标准》中，计算思维是信息技术学科核心素养之一，算法与程序设计成为必修内容，大幅度提高了人工智能与编程内容的地位和占比。

　　《规划》与新《课程标准》的颁布，顺应了当前世界科技发展的潮流，满足了社会对信息技术专业人才的需求，立足于培养有创新思维的人才，有助于将我国建设成为创新型科技强国。

　　近年来，随着人工智能的兴起，全球掀起了人工智能及编程学习热潮。世界许多国家尤其是发达国家，纷纷将编程教学作为中小学生的必修课，并出台相关法规予以保障。美国前总统奥巴马甚至亲自带头推行"编程一小时"活动。这一现象被称为"编程教育的强势回归"。

　　编程教学从中小学信息技术课堂上由淡出到强势回归，充分证明了其价值和生命力，也是社会发展需求倒逼课堂教学内容改革的结果。

　　在中小学普及编程教学的目的并不是为了让每个人都成为程序员，而是为了培养学生的思维能力。学生学习编程的目的也不仅仅是学习到编程知识，更重要的是学习对人对事的方法和态度。看待问题和处理问题的方式正是人们解决问题能力的体现，这种能力是可以遵循教育规律进行训练和培养的，这是一个形成世界观、价值观和方法论体系的过程。

　　乔布斯曾说："每个人都应该学习编程，因为它教你如何思考。计算机启蒙最大的好处是可以对人的思维方式进行训练，这是一个对思维完整性和逻辑性进行训练的过程，而在这个过程中我们可以培养一种新的看待问题和处理问题的方式。"

　　乔布斯的话回答了为何要在中小学全面普及编程教育的问题，即无论以后是否从事计算机行业，都应具备"计算思维"这种基本素养，或叫"编程思维"。

计算思维并不是单纯的编程技巧与方法，而是一种高效解决问题的思维方式，是一个"理解问题 —— 找出路径 —— 解决问题"的思维过程。这一思维过程的培养可以以编程学习为载体，由认识而学习、实践，直至内化提升为理性的逻辑思维。

培养学生的计算思维是信息技术学科教学的核心目标和价值所在。基于这个目标，我们编写了这套《人工智能教程》。

对于青少年学生而言，学习人工智能及其相关编程内容，不同于计算机专业人才培养，应化繁为简，从培养兴趣入手，以实例或项目学习为引领，化抽象为形象，逐步了解和学习人工智能与编程的思想与实现方式。

《教程》从培养学生编程兴趣、引领学生积极参与编程学习的实践过程入手，以培养和提升学生思维能力为目标，鼓励学生在不同的问题情境中运用计算思维来形成问题解决的方案，创造机会使学生体验编程过程中真实的工作模式和思考方式，感受编程过程中所引发的价值冲突，思考个体行为与自然环境和人文环境的关系，从而帮助学生建立正确的世界观、价值观和方法论体系。

《教程》基于当前人工智能及编程教学现状，结合一线教师丰富的经验经历，采用当前最为流行的基础性人工智能软硬件和编程语言为基础编写，主要面向学前大班、小学、初中与高中阶段的青少年学生，内容安排充分考虑到青少年身心成长发展规律与接受能力，由简单形象的可视化操作和开源硬件实践操作到抽象的代码编程，难度逐步递进。整体上有系统性，各册又相对独立。不同年龄的读者既可以基于自身基础和兴趣选择部分模块学习，也可以从零基础开始进行系统性学习。

《教程》编写的创意来源于社会需求，内容规划上听取和参考了很多校长、老师、家长的宝贵意见和建议，特别是得到了现任中国海洋大学信息科学与工程学院院长、博士生导师，青岛海洋科学与技术国家实验室高性能科学计算与系统仿真平台主任、网络与信息中心主任魏志强教授，北京大学教育学院副院长、教育技术系主任尚俊杰副教授和中国海洋大学教育系副主任孙艳霞副教授的热心指导，尚俊杰副教授亲自为教程作序，在此一并表示衷心的感谢！

最后，衷心祝愿读者能够从书中获益，在这场人工智能大变革的潮流中，紧跟时代发展步伐，为国家和社会的发展作出自己的贡献。

《人工智能教程》编委会
2018 年 9 月

目 录

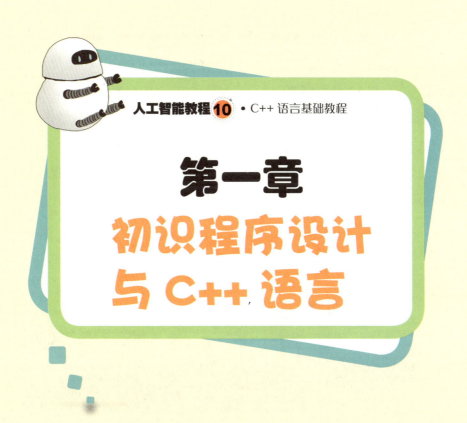

第一章
初识程序设计与 C++ 语言

你好，欢迎来到程序设计王国，这里是充满"魔法"的世界！接下来的时间里，我将带领你在这个王国里遨游。游览完整个王国后，你就会成为伟大的编程"魔法师"，同时会收获很多奇异的"珍宝"。不过，你要努力才行啊！

本章主要内容

程序设计的基本概念、算法的概念、算法的描述、C++语言简介、C++语言的特点、初步认识 Dev C++ 编程环境等，并通过实例编写自己的第一个程序"Hello World！"。

计算机俗称"电脑",看起来很神秘,好像无所不能。它可以与人下棋、帮人们算账,还能把圆周率计算到小数点后几亿位数字,真是太神奇了！我们驾驭得了它吗?

别急,其实计算机只是我们的一种工具,它之所以能做很多事情,就在于我们将自己解决问题的方法用程序的方式告诉了它,它只是按照我们的想法去做事情而已。

1.1 程序设计思想——算法

★ 1.1.1 算法的概念 ★

当我们要解决实际问题时,首先要在大脑中形成一种解题思路,然后根据可行的思路用具体的步骤解决问题。在程序设计中,这种思路称为"算法"。

广义上的算法指的是描述解决问题的方法和步骤。就程序设计而言,算法是指计算机求解某一问题而采用的具体方法、步骤。在实际的日常生活中,我们解决问题经常要用到算法,如每周的升旗仪式需要算法控制、乐谱是乐队指挥和演奏的算法等。

在程序设计中,算法的每个步骤都是能够用程序设计语言提供的语句或者语句串来完成的。从这个意义上讲,程序设计就是算法的设计,程序就是用计算机能够读懂的语言所写的算法。

【挑战自己】一个农夫带着一匹狼、一只羊和一捆草过河,他只有一条小船,船上只能容纳农夫和他所带物品中的一样,而在没人看守的情况下,狼会吃掉羊,羊会吃掉草。请你帮农夫想一个办法,让他及所带物品安全过河。

★ 1.1.2 算法的特点 ★

算法通常具有以下 5 个重要特征，以此衡量一个解决问题的算法是否可行。

1. 有穷性

一个算法应该包括有限个操作步骤，其中每一步都应在合理的时间范围内完成。有的算法可能要花很长的时间来执行指定的任务，但仍将在一定的时间内终止。它执行的时间没有严格的限制，受所要处理问题的约束。

2. 确定性

算法在指导计算机执行每步程序时，相关指令都是明确的，没有任何歧义。

3. 有效性

算法中的每个步骤都应该有意义、能够有效执行，并能够得到确定的结果。比如：开平方运算的数不能是负数；分母不能为 0。

4. 输入

一个算法有零个或多个输入。在某些算法中，所需要的数据可以由用户用输入设备输入。如：求两个数中的较大值，这两个数可以是用户随意输入的两个数，它们的值是不确定的。另外，在编程的过程中，也可以直接用两个确定的数进行比较，这时就不需要用户的输入，即零输入。

5. 输出

一个算法有一个或多个输出。算法的输出反映了输入数据加工后的结果，没有输出的算法是毫无意义的。如：判断一个整数 x 是否为素数，若是素数，则输出"x 是素数"；若不是素数，则输出"x 不是素数"（具体输出时，x 用具体的数代替），给用户以反馈。

★ 1.1.3 算法的描述 ★

1. 用普通语言描述

将我们解决问题的方法和步骤用语言描述出来。

【例 1.1】求两个整数中的较大者。解决这个问题的算法如下：

第 1 步：开始。

第 2 步：输入两个整数 a、b。

第 3 步：比较 a、b 的大小。若 a 大于 b，则输出 a；否则，输出 b。

第 4 步：结束。

2. 用流程图描述

流程图包含 5 个最基本的图形符号，如表 1-1 所示：

表 1-1　流程图基本图形

图　例	名　称	作　用
	起止框	算法的开始或结束。
	输入输出框	输入或输出数据。
	执行框	计算机所做的运算。
	判断框	根据条件进行选择。
	流程线	程序执行的方向。

【例 1.2】请用流程图描述例 1.1 的算法。

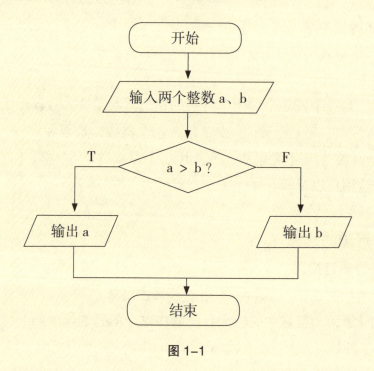

图 1-1

1.2 C++ 语言基础

★ 1.2.1　为什么选择 C++ 语言 ★

设计好了算法，接下来就要选择一种计算机语言来实现我们的算法，也就是编写计算机能够执行的程序。

计算机语言有很多种，如 Basic 语言、Pascal 语言、C 语言、C++ 语言等。

任何一种语言，都可以实现我们设计好的算法，掌握一门程序设计语言是程序设计者的基本功。选择 C++ 语言，不但在于它是目前信息学奥赛指定的 3 门语言（C 语言、C++ 语言、Pascal 语言）之一，还在于它功能强大和编程灵活：

1. 语言简洁紧凑，使用灵活方便

C++ 语言一共只有 32 个关键字和 9 种控制语句，程序书写自由，主要用小写字母表示。

2. 运算符丰富多样

C++ 语言的运算符包含的范围很广泛，共有 34 个运算符和 15 个等级的运算优先顺序。

3. 数据结构丰富

C++ 语言的数据类型有整型、实型、字符型、数组类型、指针类型、结构体类型、联合类型以及枚举类型等，可以实现各种复杂的数据结构的运算，具有较强的数据处理能力。

4. 结构化语言

结构化语言的显著特点是代码及数据的分隔化，即程序的各部分除必要的信息交流外彼此独立。

C++ 语言是结构化程序设计语言，提供了 if…else…、switch…case…、while、do…while…、for 等流程控制语句，便于采用自顶向下、逐步细化的结构

化程序设计方法,符合现代编程风格的要求。

5. 生成的代码质量高

C++ 语言既有高级语言的特点,又有汇编语言的特点,程序生成的目标代码质量高,程序执行效率高,一般只比汇编程序生成的目标代码低 10%~20%。

6. 可移植性好

C++ 语言编写的程序很容易进行移植,在一个环境下运行的程序不加修改或稍加修改就可以在完全不同的环境下运行。它适用于多种操作系统,如 DOS、Linux,也适用于多种机型。

★ 1.2.2　C++ 编程工具 ★

C++ 编程工具有很多,如早期的 Visual C++ 6.0,当前信息学奥赛流行的编程工具为 Dev C++ 5.x 版本。Dev C++ 下载地址为 https://sourceforge.net/projects/orwelldevcpp/。

Dev C++ 是一个可视化集成开发环境,可以实现 C/C++ 程序的编辑、预处理、编译、链接、运行和调试。首先介绍 Dev C++ 常用操作。

1. 启动 Dev C++

鼠标单击"开始"→"所有程序"→"Bloodshed Dev-C++"→"Dev-C++",即可启动 Dev C++,如图 1-2 所示:

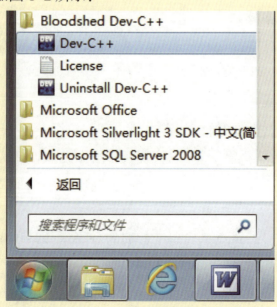

图 1-2

2. 新建源程序

从主菜单选择"文件[F]"→"新建[N]"→"源代码[S]"即可, 如图 1-3
所示:

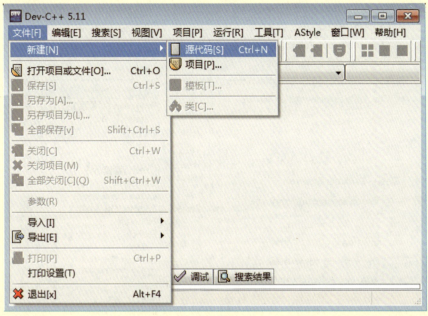

图 1-3

如果你看到的是英文的界面,那么可以单击主菜单"Tools"→"Environment
Options…",如图 1-4,在弹出的对话框中选择第一个标签页"General",如图 1-5
所示, 在"Language"下拉列表中选择"简体中文/Chinese", 即可将操作界面改
为中文的。

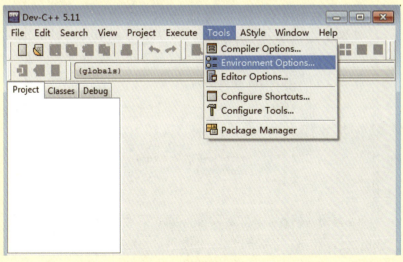

图 1-4

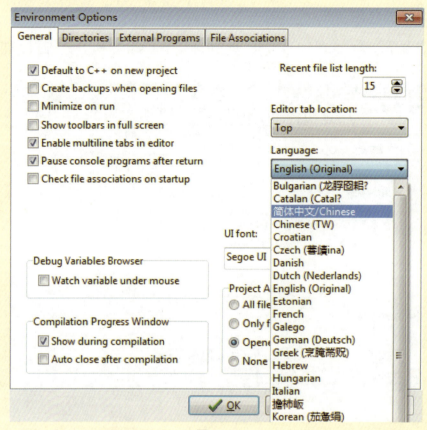

图 1-5

此时，屏幕中间右侧的白色区域称为"源程序编辑区域"，可以在此输入源程序代码，如图 1-6 所示：

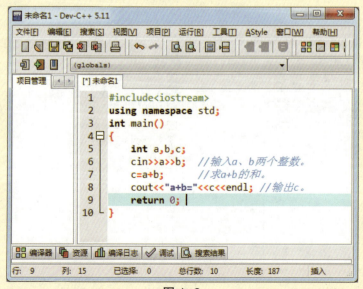

图 1-6

3. 保存源程序到硬盘

在输入源程序的过程中，要学会养成良好的存盘习惯，防止在输入的过程中出现突然断电或者意外死机的情况。保存的方法：选择主菜单"文件[F]"→"保存[S]"，如图 1-7 所示，然后在弹出的对话框中选择要保存到的目录即可。保存的文件扩展名默认为 .cpp。

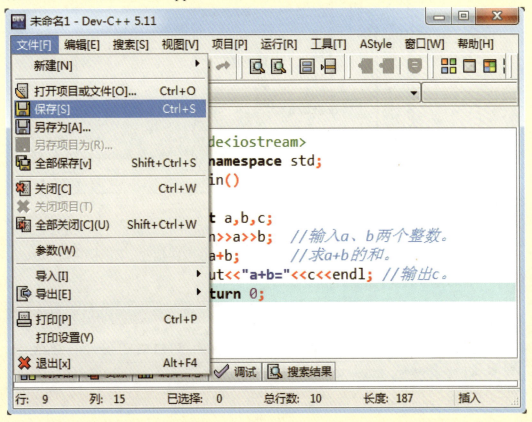

图 1-7

提示：在程序输入的过程中，可随时通过快捷键 Ctrl+S 对有修改的程序进行保存。如果想将程序保存到其他目录中，那么可以通过"文件[F]"→"另存为[A]..."为程序重新指定保存目录和名称。

4. 编译、运行

源程序代码输入完成后，就可以尝试编译运行了。

编译：主菜单"运行"→"编译运行"或快捷键 F11，如图 1-8 所示。如果程序中存在词法、语法等错误，那么编译过程失败。

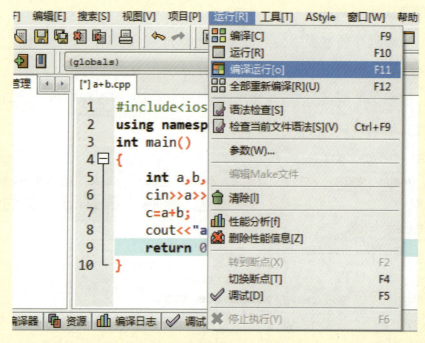

图 1-8

　　编译器会在屏幕下面"编译器"标签页中显示错误信息，如图 1-9 所示，并将源程序相应的错误行的底色标成红色。

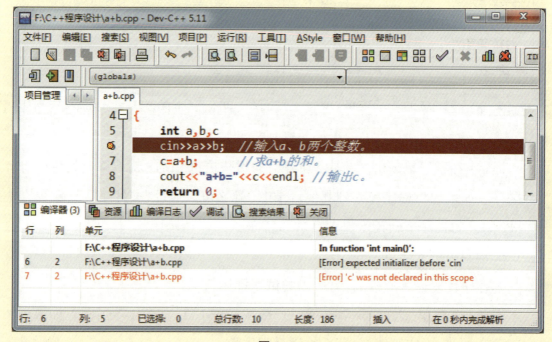

图 1-9

编译器标签页中显示的错误信息是寻找错误原因的重要信息来源，我们要学会看这些信息并积累经验，以后再遇到类似的错误信息，就可以参照以往的解决办法，熟练地找到程序中出错的地方并加以改正，提高程序调试的效率。编译成功后，会在源程序代码所在的目录生成一个同名的 .exe 可执行文件。

5. 调试程序

通过预处理、编译和链接的程序仅仅是没有了词法和语法等错误，程序中算法的问题还没法发现。当程序运行完成而得不到我们预期的结果时，需要找出出错的原因。简单的办法是通过阅读程序发现问题，但有时只靠阅读程序已经解决不了问题，此时就需要借助于程序调试（Debug）手段。

步骤 1：设置程序断点

调试的基本思路是让程序运行到你认为可能有错误的代码前停下来，然后人为地控制语句逐条运行，通过在运行过程中查看相关变量的值是否与预期的一致，来判断错误产生的原因。设置为断点的某一行，在程序运行至此行前会暂停下来。具体方法是在代码所在行行首单击，该行将加亮显示。默认的加亮颜色是红色。如图 1-10 所示，将 c=a+b 语句段设置成断点，则程序运行完 cin 语句后将会暂停。当然，你可以根据需要在程序中设置多个断点。如果要取消某一个断点，那么只需在代码行首再次单击即可取消。

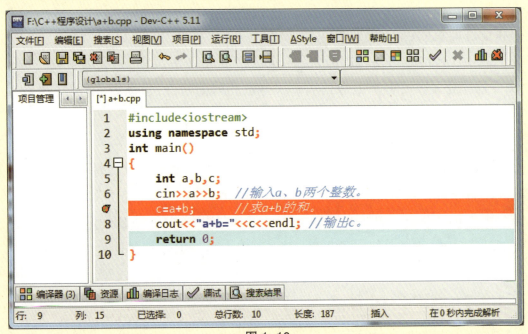

图 1-10

步骤 2：运行程序

设置断点后，此时程序运行进入 Debug 状态。要想运行程序，就不能使用主菜单"运行 [R]"→"运行 [R]"，而是需要使用主菜单"运行 [R]"→"调试 [D]"（或者按快捷键 F5），如图 1–11 所示：

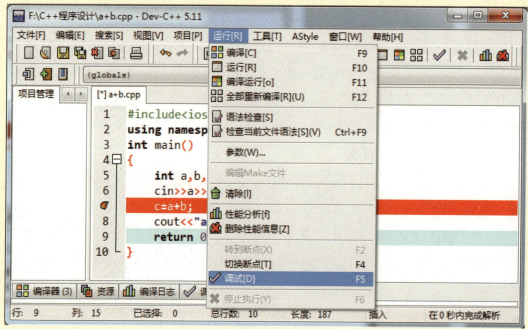

图 1–11

程序运行到第一个断点处，此时断点处加亮色由红色变为蓝色，表示接下去将运行蓝色底色的代码。

提示：有时你会发现即使设置了断点，点击了主菜单"运行 [R]"→"调试 [D]"，程序还是不在断点处停留。解决办法是取消断点，重新编译程序，再设置断点，点击主菜单"运行 [R]"→"调试 [D]"即可。

步骤 3：设置 watch 窗口

在调试程序时，可能要看程序运行过程中变量的值，以检测程序对变量的处理是否正确，可以在调试时通过调试页右键菜单的"添加查看"（Add Watch）窗口来增加变量，新增的变量将会显示在最左边 Explore 的调试页中。如果左边 Explore 中的当前页不是调试页，那么可以点击"调试"标签使之成为当前页。

★ 1.2.3 编写第一个程序 ★

程序员的第一个程序一般都是从"Hello World！"开始的。下面我们就动手亲自做一做吧。

【参考程序】

```cpp
#include<iostream>  //包含头文件。
#include<cstdlib>
using namespace std;
int main()  //主函数
{
    cout<<"Hello World!"<<endl;  //输出"Hello World！"。
    system("pause");
    return 0;  //返回值
}
```

【程序解释】

从这个案例中,我们了解到一个 C++ 程序的基本结构和书写格式。

1. #include<iostream> 告诉编译器的预处理器将输入输出流的标准头文件(iostream)包含在本程序中。这个头文件包括了 C++ 中定义的基本标准输入输出程序库的声明。

2. 以"//"开头为注释行,"//"后的内容用以对语句进行说明,输入程序时可以不输入。"/* */"之间的内容为注释段,注释的内容在程序运行时都不执行。

3. using namespace std; 使用 std (标准)名字空间的意思。所谓的"名字空间"是标准 C++ 中的一种机制,用来控制不同类库的冲突问题。使用它可以在不同的空间内使用相同名字的类或者函数。

4. int main() 这一行为主函数(main function)的起始声明。main() 是所有 C++ 程序运行的起始点。不管它是在代码的开头、结尾还是中间,此函数中的代码总是在程序开始运行时第一个被执行。所有 C++ 程序都必须有且只能有一个主函数 main(), int main() 前面的 int 在 Dev C++ 中可省略,在 TC++ 和 VC++ 中最好保留。

main 后面跟了一对圆括号(),表示它是一个函数。C++ 中所有函数都跟有一对圆括号(),括号中可以有一些输入参数。注意:圆括号中即使什么都没有也不能省略,如例题中所显示。主函数 main() 中的内容由一对花括号 {} 括起来。

5. cout << "Hello World!"<<endl; 这个语句在本程序中最重要。cout 是一

个输出语句，告诉计算机把引号之间的字符串送到标准的输出设备（屏幕）上。cout 的声明在头文件 iostream 中，所以要想使用 cout，必须将头文件 iostream 包含在程序开始处。endl 是 C++ 语言的换行控制符，表示内容输出后换行显示后续的内容。

6. C++ 语言对 C 语言完全兼容。C++ 中的输出语句也可以用 C 语言中的 printf( ) 函数输出。本例中如果用 printf( ) 输出，那么格式如下：

printf("Hello World！\n");   //"\n"表示换行。

7. C++ 中每条语句以"；"作为结束标记。 C++ 的书写比较自由，一行可以有多条语句，一条语句也可以占用多行。

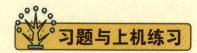 习题与上机练习

1. 求梯形的面积

从键盘输入上底 a、下底 b、高 h，求梯形的面积 s。请设计算法，并用流程图的方式表示出来。

2. 画流程图

小赵同学买了 8 个乒乓球，每个 3 元，他总共花了多少钱？请画出你计算的流程图。

3. 玩 21 点游戏

输入 1 ～ 10 之间的 3 个数，如果它们的和等于 21，那么输出这 3 个数，否则输出"不是 21 点"。请用流程图描述你的算法。

第二章
简单程序设计

　　要成为一名合格的编程"魔法师"，就要学会基本的术语，因为强大的编程"魔法"离不开基本的术语，都是由一条条基本的语句构成的。一开始可能会不习惯，坚持下来，你就会赞叹发明这些术语的人简直太伟大了，我们应该庆幸我们是站在那么多伟人的肩膀上。

本章主要内容

　　C++ 基本字符集、标识符与关键字、基本数据类型、运算符与表达式、赋值语句及输入输出简述，以及程序设计风格。

设计一个程序,就如同指挥一场战役,你要明确你的部队都有哪些兵种,这些兵种能做哪些事,还需要记住其命名规则和名称,以便于随时调用。

2.1 常量与变量

★ 2.1.1 标识符 ★

标识符用以标记常量、变量、语句标号以及用户自定义函数的名字。C++ 标识符的组成规则是:必须由英文字母或下划线开头,由英文字母、数字和下划线任意组合。C++ 标识符中的英文字母大小写是严格区分的,英文大写字母和英文小写字母被认为是两种不同的字符,如 data 和 Data 是两个不同的标识符。

一些符合规则的标识符:x1、class_num、FLOAT。

一些非法的标识符:

6s   // 不允许以数字开头。

s*T   // 不允许出现非法字符"*"。

-x2   // 不允许以减号开头。

first name // 中间不允许包含空格。

YorN?   // 不允许出现问号这一非法字符。

除了由程序员根据需要自定义的标识符,程序中保留了一些有固定含义的关键字(保留字),这些关键字不能作为程序员的自定义标识符,否则 C++ 编译器将指示出错。

表 2-1 中给出 C++ 的基本关键字,它们全部由小写字母组成。

表 2-1　C++ 常用关键字表

关键字	关键字	关键字	关键字	关键字	关键字	关键字	关键字
auto	break	case	char	const	continue	default	do
double	else	enum	extern	float	for	goto	if
int	long	register	return	short	signed	sizeof	static

除了关键字，C++ 还规定了相当数量的系统预定义名字及标准标识符，用来标识预定义的命令、库函数等，如 include、cin、cout 等。与关键字不同的是，系统预定义的标准标识符允许程序员重新定义，即可用作程序员自定义的标识符，但这样容易失去它们原有的特殊功能，引起不必要的混淆。

★ 2.1.2　常量与符号常量 ★

常量是在程序执行过程中不能改变的量。编译器从你所写常量的表示形式即可获知该常量属于何种数据类型以及具有什么值。

程序中，有一些经常使用的常数值，在程序中多处用到，如用 3.14159 表示 π 的近似值。为了便于程序的维护，C++ 允许程序员使用一个标识符作为某常数的同义词，以供程序各处使用。这样的标识符称为"符号常量"。

符号常量与变量标识符一样，也必须先定义后使用。为便于与变量相区别，往往变量名使用小写英文字母，符号常量使用大写字母开头。

【例 2.1】符号常量说明示例。

const double PI=3.14159;

经过上面的定义后，本程序中从此行开始所有的 PI 都代表 3.14159。

使用符号常量有以下好处：

（1）含义清楚。看程序时见到 PI 就知道代表圆周率。在定义符号常量时应考虑"见名知意"。

（2）在需要改变程序中多处用到的同一个常量时，能做到"一改全改"。例如：程序中多处用到圆周率的近似数 3.14159，现在在程序中要用 3.14 来表示圆周率，就得将程序中多处 3.14159 一一修改，若使用符号常量 PI 表示圆周率，则只需修改符号常量定义处即可。

C++ 中还允许另一种定义符号常量的形式，即沿用 C 语言中所提供的编译预处理命令 ——#define 命令，形式如下：

#define PI 3.14159

★ 2.1.3 变量 ★

变量是在程序执行过程中其值可以改变的量,代表一个存储单元。

一个程序中可能要使用到若干个变量,为了区别不同的变量,必须给每个变量(存储单元)取一个名(称为"变量名"),该变量(存贮单元)存储的值称为"变量的值"。在程序运行过程中,变量的值可能会发生变化。变量中存储的值的类型为变量的类型。例如:游戏中用于存储"命"的变量,在游戏程序中的变量名可取为 life,它的类型为整型,游戏初始时这个变量的值为 3。

C++ 规定:每个变量在使用之前必须先进行定义,然后才能在程序中使用。

【例 2.2】编程求给定半径的圆的面积。

【参考程序】

```
#include<iostream>        //预编译。
#define PI 3.14159        //定义符号常量 PI, 取值 3.14159。
using namespace std;
int main()
{
    double r,area;        //定义变量。
    cin>>r;               //从键盘输入圆的半径。
    area=PI*r*r;          //利用圆的面积公式计算面积。
    cout<<"Area is"<<area<<endl;  //输出结果。
    return 0;
}
```

★ 2.1.4 好的名字 ★

什么是好的名字?在程序设计中,好名字的概念和日常生活中好名字的概念有很大的不同。在日常生活中,一个好的名字或者可表达出父母良好的愿望,或者在字典中有着绝妙的含义。

在程序设计中,判断一个名字是否为好名字的标准是能否用最少的字符提供更多的信息。在 C++ 中,每一个变量、函数、类都需要命名,当命名一个事物时,应该尽量让其名字反映出这个事物的所有重要信息,即"见名知意"。例如:例 2.2 中,我们用 Area 表示圆的面积,用 r 表示圆的半径,用 PI 表示 π。看到这些名字,就大体上知道了相应变量是用来干什么的了,这就是好的名字。

2.2 标准数据类型

数据类型定义了变量可接受值的集合以及对它们所能执行的操作。数据类型主要有 3 种用途：

1. 指明对该类型的数据项（即变量）应分配多大的内存空间。

2. 定义能用于该类型数据项的操作。

3. 防止数据类型不匹配。

C++ 的数据类型十分丰富（如图 2-1），本节所涉及的是其最基本的几种：整数类型、实数类型、字符类型，也可简称为"整型"、"实型"、"字符型"，它们都是系统预定义的简单数据类型。

数据类型
- 基本数据类型
  - 整型（int）
  - 字符型（char）
  - 布尔型（bool）
  - 实型（浮点型）
    - 单精度型（float）
    - 双精度型（double）
  - 枚举类型（enum）
- 非基本数据类型
  - 数组类型
  - 字符串型（string）
  - 结构体类型（struct）
  - 共用体类型（union）
  - 文件类型
  - 指针类型（类型 *）
  - 空类型（void）
  - 类（class）

图 2-1

★ 2.2.1 整数类型 ★

在 C++ 语言中，支持多种形式的整数类型，以适应不同情况的需要。

1. 整型变量

整型类型标识符为 int。根据整型变量的取值范围，又可将整型变量定义为表 2-2 中的 8 种整型类型，其中方括号内的单词包括方括号本身可以省略。

表 2-2　预定义数据类型

数据类型	定义标识符	占字节数	数值范围	数值范围
短整型	short [int]	2（16 位）	−32768 ～ 32767	$-2^{15} \sim 2^{15}-1$
整型	[long] int	4（32 位）	−2147483648 ～ 2147483647	$-2^{31} \sim 2^{31}-1$
长整型	long [int]	4（32 位）	−2147483648 ～ 2147483647	$-2^{31} \sim 2^{31}-1$
超长整型	long long [int]	8（64 位）	−9223372036854775808 ～ 9223372036854775807	$-2^{63} \sim 2^{63}-1$
无符号整型	unsigned [int]	2（16 位）	0 ～ 65535	$0 \sim 2^{16}-1$
无符号短整型	unsigned short [int]	2（16 位）	0 ～ 65535	$0 \sim 2^{16}-1$
无符号长整型	unsigned long [int]	4（32 位）	0 ～ 4294967295	$0 \sim 2^{32}-1$
无符号超长整型	unsigned long long	8（64 位）	0 ～ 18446744073709551615	$0 \sim 2^{64}-1$

【例 2.3】整型变量定义及初始化示例。

int a,b;　　　// 定义 a、b 为基本整型变量，它们具有随机初始值。

int m=4,p=3; // 定义 m、p 为基本整型变量，初始值分别为 4、3。

2. 整型常量

C++ 中，有 3 种表示整型常量的形式：十进制形式、八进制形式和十六进制形式。整型常量简称"整常量"。

十进制整常量：以非 0 数字开头的十进制数字串。

八进制整常量：以数字 0 开头的八进制数字串。

十六进制整常量：以数字和字母的组合 0x 或 0X 开头的十六进制数字串。

【例 2.4】十进制、八进制、十六进制整常量的示例。

65535：十进制整常量。

−8978：十进制整常量。

0107：八进制整常量,相当于十进制数的 71。

0177777：八进制整常量,相当于十进制数的 65535。

0x2A：十六进制整常量,相当于十进制数的 42。

0XFFFF：十六进制整常量,相当于十进制数的 65535。

168L：十进制长整常量。

0X5358002L：十六进制长整常量。

012L：八进制长整常量。

0XA5Lu：十六进制无符号长整常量 A5 。

在十六进制整常量中,英文小写字母 a ~ f 或对应的英文大写字母 A ~ F 分别表示十进制数的 10 ~ 15。

在整常量后添加一个英文字母 l 或 L,表示这是一个长整常量。无符号数也可用后缀表示,整型常量的无符号数的后缀为"u"或"U"。前缀、后缀可以同时使用表示各种类型的常量。

★ 2.2.2　实数类型 ★

C++ 支持多种形式的实数类型,以适应不同情况的需要。

1. 实型变量

有两种形式的实型变量(简称"实变量"),即单精度实型(float)与双精度实型(double)。这里的 float 与 double 均为 C++ 的关键字。每一种实数类型规定了相应实数的取值范围、其所占内存字节以及所能达到的精度即有效数字位数。

表 2-3 给出 C++ 中可以采用的实型数据的形式:

表 2-3　预定义实数类型

类　型	取值范围	占字节数	有效位数
float	约 $-10^{38} \sim 10^{38}$	4	7
double	约 $-10^{308} \sim 10^{308}$	8	15 位以上
long double	约 $-10^{4932} \sim 10^{4932}$	10	19

【例 2.5】实型变量定义及初始化。

```
float radius,area;                  // 定义 radius、area 为单精度实型变量。
double pi=3.14159265358979;  // 定义 pi 为双精度实型变量，并初始化。
```

2. 实型常量

在 C++ 中，有两种表示实型常量的形式，一种是十进制小数点形式，另一种是科学计数法的指数形式。实型常量简称"实常量"。

【例 2.6】两种形式的常量示例。

0.0

.25

5.6789

−300.

2.1E5 （等于 2.1×10^5）

−3.7E−2（等于 $−3.7 \times 10^{-2}$）

注意：浮点数的小数点两边至少一边要有数字，否则为非法的实数。

★ **2.2.3 字符类型** ★

一个字符类型数据用来存放 ASCII 字符集内的某个字符。C++ 提供了预定义字符类型 char，char 是一个关键字。

1. 字符型变量

C++ 的字符型变量（简称"字符变量"）是 char 型。此外，还有 signed char 和 unsigned char 两种形式的字符类型，它们与 char 一样，在内存中都占据一个字节。C++ 规定：字符型数据在操作时将按整型量处理。在计算机内部，一个字符型数据所对应的整数值就是该字符的 ASCII 字符集中所对应的序数值或序号，亦即相应的 ASCII 代码值。

表 2-4 ASCII 码表

序号	字符	序号	字符	序号	字符	序号	字符	序号	字符	序号	字符
0	NULL	22	SYN	44	,	66	B	88	X	110	n
1	SOH	23	ETB	45	−	67	C	89	Y	111	o
2	STX	24	CAN	46	.	68	D	90	Z	112	p

3	ETX	25	EM	47	/	69	E	91	[	113	q
4	EOT	26	SUB	48	0	70	F	92	\	114	r
5	ENQ	27	ESC	49	1	71	G	93	]	115	s
6	ACK	28	FS	50	2	72	H	94	^	116	t
7	BEL	29	GS	51	3	73	I	95	_	117	u
8	BS	30	RS	52	4	74	J	96	`	118	v
9	TAB	31	US	53	5	75	K	97	a	119	w
10	LF	32	空格	54	6	76	L	98	b	120	x
11	VT	33	!	55	7	77	M	99	c	121	y
12	FF	34	"	56	8	78	N	100	d	122	z
13	CR	35	#	57	9	79	O	101	e	123	{
14	SO	36	$	58	:	80	P	102	f	124	|
15	SI	37	%	59	;	81	Q	103	g	125	}
16	DLE	38	&	60	<	82	R	104	h	126	~
17	DC1	39	'	61	=	83	S	105	i	127	del
18	DC2	40	(	62	>	84	T	106	j		
19	DC3	41	)	63	?	85	U	107	k		
20	DC4	42	★	64	@	86	V	108	l		
21	NAK	43	+	65	A	87	W	109	m		

转义字符表示控制字符、特殊字符。常用的转义字符如表2-5所示：

表2-5 转义字符

转义字符	含 义
'\n'	换行
'\t'	水平制表
'\b'	退格
'\r'	回车（不换行）
'\0'	空字符
'\''	单引号
'\"'	双引号
'\\'	一个反斜杠字符
'\ddd'	1~3位八进制数所代表的字符
'\xhh'	1~2位十六进制数所代表的字符

【例 2.7】字符变量定义及初始化示例。

```
char a,b;              //定义 a 和 b 为字符变量。
char c='A',d='X';      //定义 c 和 d 为字符变量，初始值分别为 A 和 X。
```

2. 字符型常量

在 C++ 中，一个字符型常量代表 ASCII 字符集中的一个字符。将字符用单引号括起来，即成为一个字符型常量，简称"字符常量"。

【例 2.8】阅读程序，体验字符变量不同的赋值方式。

```
#include<iostream>
using namespace std;
int main()
{
    char c1=97,c2='b';      //定义 char 变量 c1 和 c2 并分别赋初值，c1
                            //  以 ASCII 码形式赋值。
    cout<<c1<<' '<<c2<<endl;
    return 0;
}
```

运行程序输出如下：

a b

★ 2.2.4 布尔类型 ★

布尔类型又称为"逻辑类型"。一个逻辑类型数据用来存放逻辑值。C++语言支持预定义逻辑类型，提供了关键字 bool。一个布尔类型数据只有 false（逻辑假）和 true（逻辑真）两个可能的取值。false 和 true 均为 C++ 关键字，并规定 false<true。实际上，系统将 false 的值转换为 0，将 true 的值转换为 1。一般在 C++ 中，也将所有的非零值认为 true。布尔型数据在计算机中一般占用一个字节的内存。

布尔型数据经常用于条件测试或循环控制语句中，因为它的值非"真"即"假"，适合于判断取向。

2.3 运算符和表达式

C++ 语言提供了丰富的运算符，从而构成了功能强大又灵活多样的各类表达式，用以处理各种复杂的操作，使 C++ 语言功能十分完善。这也是 C++ 语言的主要特点之一。

C++ 语言的另一个特点，就是运算符参与运算的先后顺序不仅要遵守运算符优先级别的规定，还要受运算符结合性的制约，以便确定是自左向右进行运算还是自右向左进行运算。这种结合性方便了表达式的书写，也增加了 C++ 语言的复杂性。

C++ 语言的运算符分为以下几类：算术运算符、关系运算符、逻辑运算符、位操作运算符、赋值运算符、条件运算符、逗号运算符、指针运算符、求字节数运算符、特殊运算符。

★ 2.3.1 算术运算符与算术表达式 ★

1. 基本算术运算符

用于各类数值运算，包括加（+）、减（-）、乘（*）、除（/）、求余（%，或称"模运算"）、自增（++）、自减（--）共 7 种，它们的运算对象类型和运算结果如表 2-6 所示：

表 2-6　基本运算符

运算符	运 算	运算对象类型	结果类型
++	自增	整型	整型
--	自减	整型	整型
+	加	整型或实型	整型或实型
-	减	整型或实型	整型或实型

*	乘	整型或实型	整型或实型
/	除	整型或实型	整型或实型
%	求余（模）	整型	整型

C++ 语言要求双目运算符左右两边操作数的类型必须一致才能进行运算，所得结果类型与操作数类型相同。但是，若双目运算符左右两边操作数的类型不一致，如一边是整型数另一边是实型数，则系统将自动把整型数转换为等值的实型数，再进行运算。另外，C++ 中所有实型数运算均按双精度（double）形式进行，以确保运算精度。

自增自减运算符用来对一个变量进行加 1 或减 1 运算，其运算结果仍然赋予该变量，操作对象必须是变量，不能是表达式。

自增运算符：如 m++ 表示在使用 m 之后，m 的值加 1（m=m+1），即先引用后增 1；++m 表示使用 m 之前，先使 m 增 1（m=m+1），即先增 1 后引用。

自减运算符：如 m-- 表示在使用 m 之后，m 的值减 1（m=m-1），即先引用后减 1；--m 表示使用 m 之前，先使 m 减 1（m=m-1），即先减 1 后引用。

【例 2.9】变量自加运算与自减运算。

```cpp
#include<iostream>
using namespace std;
int main()
{
    int x=3,y=6,m,n;      //定义 x、y。
    m=y-(x++);            //计算 m=3，计算后 x=4。
    n=y-(--x);            //计算 n=3，计算前 x 的值减 1，为 3，再与 y 求差。
    cout<<"m="<<m<<" n="<<n<<endl;
}
```

运行结果：

m=3 n=3

除法运算符，分两种情况。以 a/b 为例，若 a、b 是两个整数类型的变量或常量，则 a/b 的结果按照整除的方法来进行，如 9/2=4；若 a、b 中有一个为实型的变量或常量，则按照实型相除的方法来进行，如 9.0/2=4.5 或 9/2.0=4.5。

模运算符的两个操作数只能是整型数，其操作结果也是整型数。a%b 的值就是求 a 整除 b 的余数，如 9%2=1。由于两操作数可正可负，当操作数中有负数时，C++ 规定：a%b 的运算结果的正、负与被除数的正负相一致。

如：$-7\%3=-1,7\%(-3)=1$。

2. 算术运算符的优先级及结合规则

圆括号、函数的优先级最高。单目运算符"+"、"–"的优先级高于双目运算符。双目运算符"*"、"/"、"%"的优先级高于双目运算符"+"、"–"。双目运算符"*"、"/"、"%"、"+"、"–"的结合性都是从左到右。

3. 算术表达式

算术表达式与一般数学式的含义相同,其求值规则也相同。除了运算符有优先级,还包括同一级运算符一般按照书写顺序自左至右计算。圆括号、函数优先计算。

不过,计算机中的算术表达式与一般数学表达式的表示形式有所不同,如 b^2-4ac,应写成 b*b–4*a*c 这种形式,所有括号包括多重括号一律用圆括号表示,多重括号的结合按照从内而外的形式结合。

★ 2.3.2　关系运算符与关系表达式 ★

1. 关系运算符

关系运算符都是双目运算符。关系运算是一种比较运算符左右操作数大小的简单逻辑运算,比较结果表示这种关系是否成立。C++ 提供了 6 种关系运算符:"<"、"<="、">"、">="、"=="、"!=",如表 2–7 所示:

表 2–7　关系运算符

运算符	运　算	运算对象类型	结果类型
<	小于		
<=	小于等于		
>	大于	整型、实型或字符型	整型（逻辑值）
>=	大于等于		
==	等于		
!=	不等于		

C++ 要求关系运算符左右两边操作数的类型必须一致才能进行运算。如果进行运算的两个数据类型不一致,那么仍按算术运算符中相同的规则先自动进行转换,再进行运算。关于关系运算符的结果值,C++ 规定:当关系运算符所表示的关系成立时,其计算结果值取作 1;关系不成立时,其计算结果值取作

0。关系运算的结果值类型为 int 型。

【例 2.10】 关系运算示例。

1+2==3 （结果值为 1）　　　　'A'<'B' （结果值为 1。）

2*5>=9 （结果值为 1）　　　　'A'>='a' （结果值为 0。）

2. 关系运算符的优先级及结合规则

表 2-5 中已按照优先级由高到低的顺序排列了所述关系运算符。其中，"<"、"<="、">"、">=" 同级，"==" 与 "!=" 同级。关系运算符都是双目运算符，它们的结合顺序都是自左至右。

3. 关系表达式

由关系运算符及其操作数组成的表达式称为 "关系表达式"。在关系表达式中，同样可以使用圆括号和函数。操作数自身也可以是合法的表达式，包括算术表达式、关系表达式等。关系运算符的优先级低于所有算术运算符。

★ 2.3.3　逻辑运算符与逻辑表达式 ★

1. 逻辑运算符

逻辑运算又称 "布尔运算"，是用数学逻辑原则来建立数值间关系的运算。C++ 提供了 3 种逻辑运算符 "!"、"&&" 和 "||"。其中，"!" 是单目运算符，"&&" 和 "||" 均是双目运算符，如表 2-8 所示：

表 2-8　逻辑运算符

运算符	运　算	运算对象类型	结果类型
!	逻辑非		
&&	逻辑与	整型、实型或字符型	整型（逻辑值）
||	逻辑或		

C++ 中没有特别用于表示逻辑值的数据类型，它规定任意基本整型的值都可以作为逻辑值使用。任何非 0 的值都被当作 "真" 值，表示逻辑关系成立；0 值被当作 "假" 值，表示逻辑关系不成立。

【例 2.11】 逻辑运算示例。

!0 （结果值为 1。）　　　　!1 （结果值为 0。）

!5 （结果值为 0。）　　　　1&&5 （结果值为 1。）

1&&0（结果值为 0。）　　　　1||0（结果值为 1。）

2. 逻辑运算符的优先级及结合规则

表 2-8 中已按照优先级由高到低排列了逻辑运算符的优先级。"!"优先级最高，"&&"次之，"||"最低。单目运算符"!"的结合性是从右到左，双目运算符"&&"和"||"的结合性是从左到右。

3. 逻辑表达式

由逻辑运算符及其操作数组成的表达式称为"逻辑表达式"。在逻辑表达式中，同样可以使用圆括号和函数，其操作数本身也可以是合法的表达式，包括算术表达式、关系表达式、逻辑表达式等。逻辑运算符"!"的优先级高于所有算术运算符与关系运算符，"&&"与"||"的优先级则低于所有算术运算符与关系运算符。如图 2-2 所示：

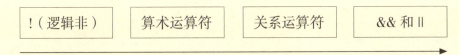

优先级由高到低

图 2-2

【例 2.12】逻辑表达式的值示例。

设 int 型变量 a、b、c 的值分别为 1、2、3，则 (a!=0)&&(b*b−4*a*c>=0) 的结果为 0。

按照运算符的优先规则，上述表达式与 a!=0&&b*b−4*a*c>=0 等价。

★ 2.3.4 其他运算符 ★

1. 逗号运算符

逗号运算符用于将多个表达式串联在一起，它是 C++ 语言中优先级最低的一个运算符。逗号运算符是一个双目运算符，其结合规则是从左到右。由逗号运算符与左右两个操作数组成逗号表达式。逗号表达式的一般形式如下：

表达式 1,表达式 2

其执行过程是：先计算表达式 1 的值，再求表达式 2 的值，并以表达式 2 的计算结果作为该逗号表达式的结果值。

【例 2.13】逗号表达式示例。

int x,y;

x=50;

y=(x=x−5,x/5);

执行后 y 的值为 9，因为 x 的初始值为 50，减 5 后变为 45，45 除以 5 得 9 赋给 y。

2. 自反赋值运算符

C++ 允许把赋值语句"sum=sum+count;"简写为"sum+=count;"。运算符"+="是一个复合赋值运算符，即在赋值符"="的左边跟一个其他运算符，比如算术运算符"+"，称这样的运算符为"自反赋值运算符"。与基本算术运算符"+"、"−"、"*"、"/"、"%"相对应的自反赋值运算符如表 2-9 所示：

表 2-9　自反赋值运算符

运算符	运　算	运算对象类型	结果类型
+=	i+=j 等价于 i=i+j	整型或实型	整型或实型
−=	i−=j 等价于 i=i−j	整型或实型	整型或实型
*=	i*=j 等价于 i=i*j	整型或实型	整型或实型
/=	i/=j 等价于 i=i/j	整型或实型	整型或实型
%=	i%=j 等价于 i=i%j	整型	整型

3. "?"运算符

"?"运算符是一个三目运算符，其一般形式如下：

< 表达式 1>?< 表达式 2>:< 表达式 3>;

"?"运算符的含义是：先求表达式 1 的值，如果为真，则求表达式 2 的值并把它作为整个表达式的值；如果表达式 1 的值为假，则求表达式 3 的值并把它作为整个表达式的值。

【例 2.14】"?"运算符示例。

int x,y;

x=50;

y=x>70?100:0;

执行后 y 的值被赋为 0。如果 x=80，y 将被赋值 100。

4. "sizeof" 运算符

"sizeof" 运算符是一个单目运算符，它返回变量类型的字节长度。

【例 2.15】 "sizeof" 运算符示例。

```cpp
#include <iostream>
using namespace std;
int main()
{
    int x,y;
    x=sizeof(double);
    y=sizeof(int);
    cout<<"x="<<x<<" y="<<y<<endl;
    return 0;
}
```

运行示例如下：

x=8 y=4

5. 位运算符

C++ 提供了 6 个位运算符，包括 4 位逻辑运算符 "&"、"|"、"^"、"~" 以及 2 个移位运算符 "<<" 和 ">>"，如表 2-10 所示：

表 2-10　位运算符

运算符	运　算	运算对象	结果类型
&	按位与	两整型	整型
|	按位或	两整型	整型
^	按位异或	两整型	整型
~	按位取反	整型	整型
<<	左移	两整型	整型
>>	右移	两整型	整型

其中，"&"、"|"、"^"、"<<"、">>" 均为双目运算符，而 "~" 是单目运算符，它们的优先级关系如图 2-3 所示：

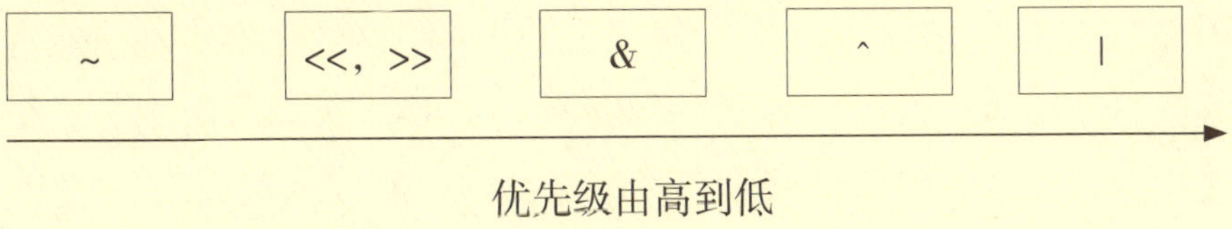

~	<<, >>	&	^	|

优先级由高到低

图 2-3

位运算符的运算对象是简单数据类型中的整型和字符型。在进行计算时，

所使用的是整型数据的二进制补码形式。具体运算是按二进制位进行的。位运算符通常用于 unsigned 类型的整数。位运算符"&"、"^"、"|"、"~"的真值表如表 2-11 所示：

表 2-11 位运算符"&"、"^"、"|"、"~"的真值表

按位与 (&)	按位或 (|)	按位异或 (^)	按位取反 (~)
1&1=1	1|1=1	1^1=0	~1=0
1&0=0	1|0=1	1^0=1	~0=1
0&1=0	0|1=1	0^1=1	
0&0=0	0|0=0	0^0=0	

【例 2.16】按逻辑位运算计算 12&22、12|22、12^22 以及 ~0 和 ~(-15)的值。

12 的二进制数表示：0000000000001100

22 的二进制数表示：0000000000010110

12&22 的二进制数表示：0000000000000100

12|22 的二进制数表示：0000000000011110

12^22 的二进制数表示：0000000000011010

0 的二进制数表示：0000000000000000

~0 的二进制数表示：1111111111111111

15 的二进制数表示：0000000000001111

-15 的二进制数表示：1111111111110001

~(-15) 的二进制数表示：0000000000001110

所以有：12&22=4   12|22=30   12^22=26   ~0=-1   ~(-15)=14

6. 移位运算符

C++ 提供了两种移位运算：左移运算"<<"和右移运算">>"。

左移运算符是双目运算符,左移运算的一般表示形式为：

表达式 1<< 表达式 2

其中,"<<"左边是移位运算对象,而右边是左移的位数。在进行左移时,右边(低位)空出的位全补以 0,左边(高位)若有移出最高位者则全丢失。

右移运算符也是双目运算符,右移运算符的一般表示形式为：

表达式 1>> 表达式 2

表达式中,">>"左边是移位运算对象,而右边是右移的位数。在进行右移

时,若左边操作数是一个带符号位的整数,则左边空出的位用符号位填充,即当左操作数是正整数时,符号位(最左边的二进制位)为0,则左边空出的位全充0;当左操作数是负整数时,符号位为1,则左边空出的数全充1。从右边移出的二进制位则丢失。

【例2.17】计算2<<7的值和256>>7的值。

2的二进制数表示:0000000000000010

2<<7的二进制数表示:0000000100000000(左移7位。)

故有:2<<7=256

256的二进制数表示:0000000100000000

256>>7的二进制数表示:0000000000000010(右移7位。)

故有:256>>7=2

7. 类型转换

在一个表达式中,可能出现若干个属于不同数据类型的操作数,但C++又要求:每一个双目运算符,其左右两边的操作数的类型必须一致才能进行运算。这就需要进行数据的类型转换。

C++有两种数据类型的转换:隐式类型转换和显式类型转换。

隐式类型转换是指算术运算符当其左右操作数的类型不一致时,由系统自动进行的一种类型转换,又称"普通算术转换"。其转换原则是类型向着两者之间占用存储单元多的类型转换,即所谓"类型提升"原则,运算结果则取较高数据类型。

【例2.18】设有已带有赋值的变量说明:

int a=2,b=4;

double f=3.15;

cout<<(a+f)/b<<endl;

运算过程中,隐式类型转换是这样进行的:

第一步:先计算圆括号内的表达式值。将a的值转换成double型,进行加法运算,得到5.15,结果是double型。

第二步:将第一步的结果与b相除。为此,将b转换成double型,进行除法运算,得到1.2875,结果为double型。

显式类型转换为强制转换,其表示形式有两种,分别为:

（类型名）表达式

或

类型名（表达式）

其中，类型名可以是任意基本数据类型名。这种类型转换形式实现把所有的结果类型转换成圆括号中给定的数据类型。

【例 2.19】上例 2.18 中，可以利用显示类型转换进行计算：

cout<<(int)((a+f)/b)<<endl;

或

cout<<int ((a+f)/b)<<endl;

结果均为 1。

使用显示类型转换时要考虑到它可能会带来的不安全因素，因为将精度高的类型强制转换为精度低的类型有可能会导致精度的损失。

2.4 赋值语句

★ 2.4.1 赋值语句 ★

赋值语句是 C++ 程序中最基本的语句,其一般形式为:

变量 = 表达式;

其功能是将表达式的最终计算结果赋给"="左边的变量。此处"="称为"赋值号"。一般要求"="右边的表达式结果值的数据类型与左边变量的数据类型一致。如果左右两边的数据类型不一致,C++ 规定:在转换允许的情况下,表达式的结果值将自动转换成"="左边变量数据类型的值,再进行赋值操作。

【例 2.20】 赋值语句示例。

```
int i;
double r,x,y,z;
i=3;      //i 有整数值 3。
r=2.8;
r=i;      //r 有双精度值 3.0。
x=y=z=10.0   // 多重赋值, x、y、z 均有值 10.0。
```

★ 2.4.2 赋值表达式 ★

C++ 中允许使用一种特殊的表达式,称为"赋值表达式",一般形式为:

变量 = 表达式;

其功能是:计算赋值符右边表达式的值,赋予左边变量,而该赋值表达式自身的值即为左边变量所得到的新值。

【例 2.21】 赋值表达式示例。

```
int m,n,k;
k=(m=5)*(n=6);   //m、n、k 分别有整数 5、6、30。
```

注意:C++ 不允许多重赋初值的语句形式,下述写法是非法的:

```
double z=y=x=10.0;
```

2.5 数据输入输出

　　C++ 语言提供了一批对流进行处理的输入 / 输出函数,包括流的创建与撤销、对流的读写操作以及若干辅助性的函数等。在 C++ 程序中,若要使用标准库函数如 cin、cout,需要包含头文件 iostream.h。cout 实现标准输出,cin 实现标准输入。它们功能强大,使用灵活。cin 可串接多个">>",cout 可串接多个"<<"。它们的结合性均为从左到右,故能按顺序从输入 / 输出流中提取 / 插入若干字节流。

★ 2.5.1　输入 / 输出流默认格式 ★

　　在 C++ 程序中使用默认输入 / 输出格式,可以满足一般的编程要求。

【例 2.22】使用 cin 和 cout 输入 / 输出数据。

```cpp
#include<iostream>
using namespace std;
int main()
{
    int i,j;
    double x,y;
    char ch1,ch2;
    bool ok=true;
    cin>>i>>j;
    cin>>x>>y;
    cin>>ch1>>ch2 ;
    cout<<"i+j="<<i+j<<endl;
    cout<<"x*y="<<x*y<<endl;
    cout<<"ch1+ch2="<<ch1+ch2<<endl;
    cout<<"ok="<<ok<<endl;
```

```
    return 0;
}
```
输入：4 5 9.0 2.0 a b

输出：
```
    i+j=9
    x*y=18
    ch1+ch2=195
    ok=1
```

★ 2.5.2 输入/输出流格式操纵符 ★

在 C++ 程序中只使用默认输入/输出格式还不能满足编程要求，经常还需要按指定的格式进行输入/输出。

C++ 语言提供了大量用于执行格式化输入/输出流的格式操纵符，用于在 C++ 程序的输入/输出流中实现指定的功能，包括设置域宽、设置精度、设置整数不同进制的基数、设置插入换行符并刷新流、设置填充字符、设置实型数据的输出形式、设置左对齐或右对齐等，详见表 2-12。要使用这些格式操纵符，需要在 C++ 程序开头包含 iomanip.h 头文件。

表 2-12 C++ 输入/输出流常用格式操纵符

格式操纵符	基本功能
dec	以 10 为基数。
endl	插入换行符并刷新流。
hex	以 16 为基数。
oct	以 8 为基数。
setfill(c)	以 c 为填充字符。
setiosflags(ios::fixed)	定点形式。
setiosflags(ios::left)	左对齐。
setiosflags(ios::right)	右对齐。
setiosflags(ios::scientific)	指数形式。
setprecision(n)	实数精度 n 位（n 为 0 代表默认精度 6）。
setw(n)	字域宽度（n 个字节）。
noskipws	在输入中不略过空白字符。
skipws	在输入中略过空白字符（默认）。

表 2-12 中，除 setw(n) 外的所有格式操纵符一旦插入至输入/输出流中，就一直有效，直到遇到新的设置。setw(n) 则仅对下一个数据的输出起作用，默认

情形为 setw(0)，即按数据原有的最小位数输出。

【例 2.23】 使用 cin 和 cout 格式化输出数据。

```cpp
#include<iostream>
#include<iomanip>
using namespace std;
int main()
{
    int n;
    cout<<" 请输入一个十进制数: ";
    cin>>n;
    cout<<setfill('#');
    cout<<" 十进制: "<<setw(20)<<n<<endl;    //没有设置基数，按默
                                                    认十进制输出。
    cout<<" 八进制: "<<oct<<setw(20)<<n<<endl;    //按八进制输出。
    cout<<" 十六进制: "<<hex<<setw(20)<<n<<endl;    //按十六进制
                                                        输出。
    setw(22);
    cout<<setfill('*');
    cout<<dec<<n<<setw(8)<<oct<<n<<setw(16)<<hex<<n<<endl;
    return 0;
}
```

运行示例如下：

请输入一个十进制数: 65

十进制: ##################65

八进制: #################101

十六进制: #################41

65*****101*************41

2.6 顺序结构实例

★ 2.6.1 预处理命令 ★

一个高级语言程序要在计算机上运行,必须先用编译程序将其翻译为机器语言。在 C++ 语言系统中,提供了一个 C++ 预处理程序。它能对 C++ 源程序中一批以"#"字符开头的特定命令(称为"预处理命令")于正式编译之前进行处理,然后才调用 C++ 编译程序对整个源程序进行通常的编译处理。从语法上讲,这些预处理命令不是 C++ 语言的一部分,但使用它们却扩展了 C++ 语言程序设计的环境,可以简化程序开发过程,提高程序的可读性,也更有利于移植和调试 C++ 语言程序。如:

```
#include<iostream>
#include<cstdio>
#include<cstring>
#include<cmath>
#include<cstdlib>
#include<queue>
#include<algorithm>
#define PI 3.1415926
#undefine PI
```

★ 2.6.2 文件包含 ★

所谓"文件包含",是指一个源文件可以将另一个源文件的全部内容包含到自己的文件中。文件包含命令有如下两种形式:

#include< 文件名 > 和 #include "文件标识"

C++ 语言中,可以使用从 C 语言继承过来的带".h"扩展名的标准头文件,也可以使用 C++ 风格的文件名（即不带".h"扩展名，而在原头文件名前加上"c"）。如：可将 #include<math.h> 改写为 #include<cmath>。

C++ 语言所有标准函数库都封装在名为"std"的名字空间中。名字空间是一种方便有用的工具，利用名字空间可以防止标识符命名的冲突。

★ 2.6.3　程序设计风格 ★

程序设计风格就是编写程序的风格。编写程序应便于人们阅读、理解、使用甚至改写。良好的程序设计风格是迈向成功的保障，也便于促进技术交流，有助于提高程序的可靠性、可理解性、可测试性、可维护性及可重用性，可改善程序的质量；有助于获得有效的、适宜的、清晰明了和易于理解的程序。建议遵循以下几条：

1. 选用合适的常量符号。
2. 选取有实际意义的标识符作为变量名。
3. 坚持按一定的缩进规则书写和键入程序。
4. 适当使用注释。
5. 使程序具有一定的交互性。
6. 贴切地安排输出格式。
7. 适当地设计测试用例。

★ 2.6.4　顺序结构程序实例 ★

程序设计有 3 种最基本的结构，分别为顺序结构、选择结构（分支结构）、循环结构。

顺序结构程序就是每条语句按自上而下的顺序依次执行一次的程序，如例 2.23。从本节开始，我们进入结构化程序设计的学习。

有一个著名的公式：程序 = 算法 + 数据

由此可见算法在程序设计中的重要地位。学习编程伊始，要养成一个良好的习惯，遇到要解决的问题，先进行算法的设计，然后画出算法的流程图，再根据流程图写出程序。等编程熟练之后，就可以直接写程序了。

【例 2.24】输入两个正整数 a 和 b，试交换 a、b 的值（使 a 的值等于 b，b 的值等于 a）。

【算法分析】

交换两个变量的方法,就如同两个杯子分别装有酱油和醋,现在要交换两个杯子里所装的内容,可以借用第三个空杯子:

(1)将酱油倒入空杯中;(2)将醋倒入原酱油杯中;(3)将原空杯中的酱油倒入醋杯中。

【参考程序】

```cpp
#include<iostream>
using namespace std;
int main()
{
    int a,b,c;
    cout<<" 请输入 a,b 两个数: ";
    cin>>a>>b;
    c=a;a=b;b=c;     //交换 a、b 的值。
    cout<<"a="<<a<<" b="<<b<<endl;     //输出结果。
    return 0;
}
```

开始 → 输入 a、b → c=a;a=b;b=c; → 输出 a、b → 结束

【例 2.25】 输入圆柱体半径 r 和高 h,编程求圆柱体的表面积,保留 3 位小数。

输入样例:3.5 9　输出样例:274.889

【算法分析】

圆柱体的表面积由 3 部分组成:上底面积、下底面积和侧面积。根据几何知识,表面积 = 底面积 × 2+ 侧面积。底面积 = πr^2,侧面积 = $2\pi rh$。

【参考程序】

```cpp
#include<iostream>
#include<iomanip>
using namespace std;
#define PI 3.1415926
int main()
{
    double r,h,s1,s2,s;
    cin>>r>>h;
    s1=PI*r*r; //计算底面积。
    s2=2*PI*r*h; //计算侧面积。
```

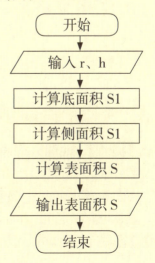

开始 → 输入 r、h → 计算底面积 S1 → 计算侧面积 S1 → 计算表面积 S → 输出表面积 S → 结束

```
    s=2*s1+s2;
    cout<<"Area="<<setiosflags(ios::fixed)<<setprecision(3);
    cout<<s<<endl;    //输出结果。
    return 0;
}
```

【例 2.26】 数学中经典的"鸡兔同笼"问题:已知头共有 30 个,脚共有 90 只,问:笼中鸡和兔各有多少只?

【算法分析】

设鸡为 j 只,兔为 t 只,头为 h,脚为 f,那么有:

j+t=30   (1)

2*j+4*t=90 (2)

假设笼中 30 个头全都是兔的,那么按照每个头对应的兔有 4 只脚计算,总脚数为(4*h),与实际脚数(f)的差为(4*h−f),若这个差为 0,则笼中全是兔;若这个差 >0,则说明多计算了脚数,凡是鸡都多计算了 2 只脚,用多出来的数除以 2 就得到鸡的只数,算法为:

j=(4*h−f)/2 //先用脚数差除以 2 算出鸡的只数。

t=h−j   //再用总头数减鸡数算出兔的只数。

【参考程序】

```cpp
#include<cstdio>
#include<iostream>
using namespace std;
int main()
{
    int h,f,j,t;
    h=30;f=90;
    j=(4*h-f)/2;
    t=h-j;
    cout<<"j="<<j<<"t="<<t<<endl;
    return 0;
}
```

【例 2.27】 地球人口承载力估计。

题目描述:

假设地球上的新生资源按恒定速度增长。照此测算,地球上现有资源加上新生资源可供x亿人生活a年,或供y亿人生活b年。为了能够实现可持续发展,避免资源枯竭,地球最多能够养活多少亿人?

输入：

一行，包括 4 个正整数 x、a、y、b，每两个整数之间用单个空格隔开。x>y，a<b，a*x<b*y，各整数均不大于 10000。

输出：

一个实数 z，表示地球最多养活 z 亿人，四舍五入到小数点后两位。

输入样例：

110 90 90 210

输出样例：

75.00

【算法分析】

假设一个人一年消耗资源为 I，

那么 x 亿人生活 a 年共消耗了 x*a*I 的资源。

那么 y 亿人生活 b 年共消耗了 y*b*I 的资源。

一开始地球上的现存资源是一定的，那么 y*b*I−x*a*I 产生的资源差是哪里来的呢？

对，就是 b−a 年里地球自己又产生的新资源，那么 (y*b*I−x*a*I)/(b−a) 就是地球每年产生的新资源。每个人一年消耗资源为 I，那么可以计算出这些资源可供 (y*b*I−x*a*I)/(b−a)/I 即 (y*b−x*a)/(b−a) 亿人生活一年。

【参考程序】

```cpp
#include<iostream>
#include<iomanip>
using namespace std;
int main()
{
    int x,y,a,b;
    float ans;
    cin>>x>>a>>y>>b;
    ans=float(y*b-x*a)/(b-a);    //整数除以整数不能得到小数，故将
                                 //  其中一个数强制转化为 float。
    //保留两位小数输出。
    cout<<setiosflags(ios::fixed)<<setprecision(2)<<ans;
    return 0;
}
```

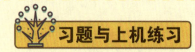

习题与上机练习

1. 写出下面程序的输出

```cpp
#include<iostream>
using namespace std;
int main()
{
    int x=10,y=3;
    cout<<"y="<<x/y<<endl;
    return 0;
}
```

2. 写出下面程序的输出

```cpp
#include<iostream>
#include<iomanip.h>
using namespace std;
int main()
{
    int a,b,d=24;
    a=d/100%9;
    b=(-1)&&(-1);
    cout<<a<<","<<b<<endl;
    return 0;
}
```

3. 写出下面程序的输出

```cpp
#include<iostream>
#include<iomanip.h>
using namespace std;
int main()
{
    int i=1,j=3;
    cout<<i++<<",";
    {
        int i=0;
```

```
        i+=j*2;
        cout<<i<<","<<j<<",";
    }
    cout<<i<<","<<j<<endl;
    return 0;
}
```

4. 编程输出下面的图案

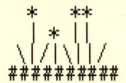

5. 输出第二个整数

输入 3 个整数,整数之间由一个空格分隔,整数是 32 位有符号整数。把第二个输入的整数输出。

6. 对齐输出

输入 3 个整数,按每个整数占 8 个字符的宽度右对齐输出它们,按照格式要求依次输出 3 个整数,之间以一个空格分开。

7. 输出存储空间大小

编程分别输出整型数据类型、浮点数据类型、字符数据类型、布尔数据类型所占的存储空间大小。

8. 大象喝水

题目描述:一只大象口渴了,要喝 20 升水才能解渴,但现在只有一个深 h 厘米、底面半径为 r 厘米的小圆桶(h 和 r 都是整数)。问:大象至少要喝多少桶水才会解渴?

输入:输入为一行,包含两个整数,以一个空格分开,分别表示小圆桶的深 h 和底面半径 r,单位都是厘米。

输出:输出为一行,包含一个整数,表示大象至少要喝水的桶数。

输入样例:23 11

输出样例:3

9. 温度表达转化

题目描述:利用公式 $C=5 \times (F-32) \div 9$(其中,C 表示摄氏温度,F 表示华氏温度)进行计算转化,输入华氏温度 F,输出摄氏温度 C,要求精确到小数点后 5 位。

输入：输入为一行，包含一个实数 F，表示华氏温度。（F ≥ −459.67）

输出：输出为一行，包含一个实数，表示对应的摄氏温度，要求精确到小数点后 5 位。

输入样例：41

输出样例：5.00000

10. 苹果和虫子

题目描述：你买了一箱 n 个苹果，很不幸的是买完时箱子里混进了一条虫子。虫子每 x 小时能吃掉一个苹果，假设虫子在吃完一个苹果之前不会吃另一个，那么经过 y 小时你还有多少个完整的苹果？

输入：输入仅一行，包括 n、x 和 y（均为整数）。

输出：输出也仅一行，是剩下的苹果个数。

输入样例：10 4 9

输出样例：7

11. 计算球的体积

题目描述：对于半径为 r 的球，其体积的计算公式为 V=4/3*(π*r³)，这里取 π=3.14。现给定 r，即球半径，类型为 double，求球的体积 V，保留到小数点后 2 位。

输入：输入为一个不超过 100 的非负实数，即球半径，类型为 double。

输出：输出一个实数，即球的体积，保留到小数点后 2 位。

输入样例：4

输出样例：267.95

12. 倒序输出数字

题目描述：输入一个三位正整数，请倒序输出这个数字，注意倒序输出的数字要符合数字的正常格式。

输入：一个三位正整数。

输出：倒序的正整数。

输入样例 #1：123

输出样例 #1：321

输入样例 #2：100

输出样例 #2：1

第三章

选择结构程序设计

学会了基础知识，你就有了"选择"的余地，现在你已经有能力向更高层次的编程"魔法师"发起冲击了。加油吧，美好的前景在向你招手！

本章主要内容

选择结构的算法、if 语句、switch 语句以及相关的算法。

智能程序的一个关键之处是让程序具有判断决策能力,在可以选择的操作中做出决定。方法有很多,本章我们来研究一下 C++ 是如何使用分支语句实现选择和决策的。主要使用的是 if 语句和 switch 语句。

3.1 if 选择结构

★ 3.1.1 if 语句 ★

当 C++ 程序必须决定是否执行某个操作时,通常使用 if 语句来实现。if 语句有两种格式: if 和 if…else…。如果你满足某种条件,那么你就可以享受某种待遇。比如: 如果你有我们饭店的会员卡,那么你在我们饭店的消费将一律八折。if 语句的执行策略是: 如果条件满足,也就是判断条件为 "true",那么将执行接下来的语句块,否则将跳过该部分,也就是不执行接下来的语句块。

if 语句的通常语法格式是这样的:

if (判断条件的表达式)

{

    执行的程序操作

}

该语句的执行主线是由上而下,逐条执行:

首先判断 if 后面小括号内的判断条件是否满足,也就是小括号内的判断条件是否为 "真",满足 (是 "真的"),则执行花括号内的内容,否则将直接跳过花括号内的内容,继续执行花括号后面的内容。

注意:

1. if 后面必须有小括号把判断语句括起来,并且括号外面没有任何标点。为规范起见,写完第一行的判断条件后,最好另起一行写执行的操作。

2. 执行的程序操作（执行体）最好用花括号"{ }"括起来，虽然单语句判断并执行的程序体可以不写，但是我们建议最好写上花括号，这是为了使程序代码整齐有序，便于查错。

【例 3.1】使用 if 语句模拟信号灯指挥车辆通行。

【算法分析】

在本例中，为了模拟路口的信号灯指挥车辆通行，须使用 if 语句来判断信号灯的状态。若信号灯是红色，则输出文字提示车辆不能通行；若信号灯是绿色，则输出文字提示车辆可以通行。

流程图如图 3-1 所示：

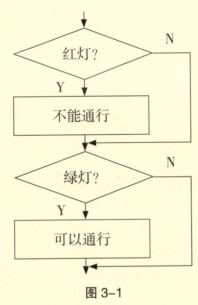

图 3-1

【参考程序】

```cpp
#include <iostream>
using namespace std;
int main()
{
    int signal;                          //定义变量用以接收。
    cout<<" 请输入一个数字，0 或 1"<<endl;   //输出提示信息。
    cin>>signal;                         //用户输入变量。
    if (signal==0)                       //用 if 进行判断。
    {
        cout<<" 当前信号是绿灯，可以通行 "<<endl;   //判断为"真"输出。
    }
```

```
        if (signal==1)    //使用 if 判断。
        {
                cout<<" 当前信号是红灯, 禁止通行 "<<endl;    //判断为"真"输出。
        }
        return 0;
}
```

【例 3.2 】判断数的正负。

题目描述: 给定一个整数 N, 判断其正负。如果 N>0, 输出 positive; 如果 N=0, 输出 zero; 如果 N<0, 输出 negative。

输入: 一个整数 N。

输出: 如果 N>0, 输出 positive; 如果 N=0, 输出 zero; 如果 N<0, 输出 negative。

输入样例: 1

输出样例: positive

【算法分析】

题目输入一个整数 N, 由于 N 存在 3 种可能性(正数、负数和零), 我们就要分别根据这 3 种可能性的成立状况输出相应的结果, 每种可能性需要一个 if 语句, 若该条件表达式成立, 则执行相应程序, 输出相应结果。

【参考程序】

```
#include<iostream>
using namespace std;
int main()
{
    int N;
    cin>>N;
    if(N>0)    //状态 1
    {
        cout<<"positive";
    }
    if(N<0)    //状态 2
    {
        cout<<"negative";
```

```
    }
    if(N==0)    //状态3
    {
        cout<<"zero";
    }
    return 0;
}
```

【例 3.3】判断整数的奇偶性。

题目描述：给定一个整数，判断该数是奇数还是偶数。如果 n 是奇数，输出 odd；如果 n 是偶数，输出 even。

输入：输入仅一行，是一个大于零的正整数 n。

输出：输出仅一行，如果 n 是奇数，输出 odd；如果 n 是偶数，输出 even。

输入样例：5

输出样例：odd

【算法分析】

此题的关键是如何判定 n 的奇偶性，写出判定条件。我们知道一个数字 n 能被 2 整除，则称 n 为"偶数"；否则，称 n 为"奇数"。那么，能否被 2 整除就是我们的判定条件了。转化为条件表达式：n%2==0。这个条件表达式的意思就是 n 除以 2 的余数是否为 0，如果成立，那么 n 就是偶数。那么是奇数的条件呢？对，不等于 0 或者等于 1，即 n%2!=0 或 n%2==1。

【参考程序】

```cpp
#include<iostream>
using namespace std;
int main()
{
    int n;
    cin>>n;
    if(n%2==0)
    {
        cout<<"even";
    }
    if(n%2==1)
```

```
        {
            cout<<"odd";
        }
        return 0;
    }
```

★ 3.1.2 if…else…语句（双分支语句）★

if 语句让程序决定是否执行特定的语句块，if…else… 语句则让程序决定执行两个语句块中的其中一块，即二选一。

if…else… 语句的通用格式如下：

if (条件表达式)

{

执行的指令或语句 1

}

else

{

执行的指令或语句 2

}

分支中每个语句块的执行规则也是自上而下、逐条进行。if…else… 语句的流程图如图 3-2 所示：

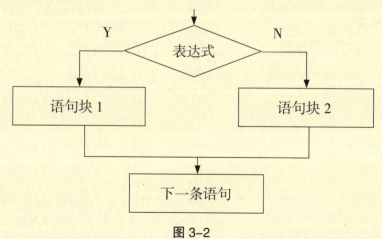

图 3-2

如上例 3.1 就可以改成 if…else… 语句的结构，部分代码如下所示：

if (singal==0)

```
    {
        cout<<" 当前信号是绿灯，可以通行 "<<endl;
    }
    else
    {
        cout<<" 当前信号是红灯，禁止通行 "<<endl;
    }
```

【例 3.4 】请输入一个字母，判断该字母是不是大写，并输出显示结果给用户。

我们通过查询得知：大写字母 [A,Z] 在字符编码表中对应的数字是 [65,90] 的整数。参考程序代码如下：

【参考程序】

```
#include <iostream>
using namespace std;
int main()
{
    char c;                          //定义一个字符变量。
    cout<<" 请输入一个字母 "<<endl;    //提示用户。
    cin>>c;                          //获取用户输入的字符。
    if (c>=65 and c<=90)             //进行判断。
    {
        cout<<" 你输入的是大写字母 "<<endl; //满足条件输出的结果。
    }
    else
    {
        cout<<" 你输入的不是大写字母 "<<endl; //不满足条件输出的
                                              结果。
    }
    return 0;
}
```

【例 3.5 】请输入整数 n，判断 n 能否同时被 3 和 5 整除，若能同时被 3 和 5 整除则输出"YES"，否则输出"NO"。

输入样例：15

输出样例：YES

【算法分析】

题目里有一个条件(同时被 3 和 5 整除),若满足则输出"YES",否则输出"NO",这是典型的 if…else… 双分支结构。我们抽象出题目要求条件为 n%3==0&&n%5==0。

【参考程序】

```cpp
#include<iostream>
using namespace std;
int main()
{
    int n;
    cin>>n;
    if(n%3==0&&n%5==0)
        cout<<"YES";
    else
        cout<<"NO";
    return 0;
}
```

★ 3.1.3 if…else…if…else…结构 ★

在实际情况中,计算机程序也可能遇到两个以上的选择。C++ 中对 if…else… 语句进行扩展来满足这种需求。如我们所知,else 后面应该是一条语句,也可以是语句块,可以将 if…else… 语句视为语句块,所以可以放在 else 后面。

例如:输入字符 ch 若是字母 a,则输出"字符是:a";若是字母 b,则输出"字符是:b";否则,输出"字符既不是 a 也不是 b"。流程图参考图 3-3:

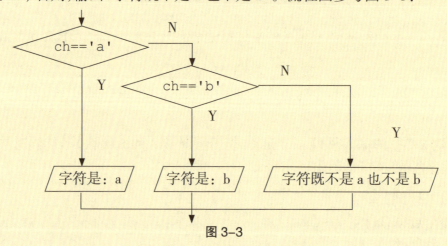

图 3-3

若 ch 不是 "a", 则程序将执行 else。执行到那里以后, 另一个 if else 又提供了两种选择。C++ 的自由格式允许将这些元素排列成便于阅读的格式:

```
if(ch=='a')
{
    cout<<" 字符是: a";
}
else if(ch=='b')
{
    cout<<" 字符是: b";
}
else
{
    cout<<" 字符既不是 a 也不是 b";
}
```

看起来像是一个新的控制结构: if…else…if…else…。实际上, 它只是一个 if…else… 被包含在另一个 if…else… 中, 修订以后格式更加清晰。

注意: if (判断条件), 若满足判断条件后的执行语句只有一条, 则可以不用花括号把下面的单条语句括起来。同理, else 后面若执行的语句只有一条, 也可以不用花括号把被执行的单条语句括起来。

★ 3.1.4 if 语句的嵌套 ★

在 if 语句中又包含一个或多个 if 语句称为 "if 语句的嵌套", 其一般书写形式为:

```
if (判断表达式 1)
{
    if (判断表达式 2)
    {
        执行语句块 1。
    }
    else
    {
        执行语句块 2。
```

```
    }
}
else
{
    if （表达式 3）
    {
        执行语句块 3。
    }
    else
    {
        执行语句块 4。
    }
}
```

if 语句的嵌套会使判断条件细化，某些情况下可以使我们的程序更加精准。

【例 3.6】使用 if 嵌套语句选择日程安排。

在本例中，使用 if 嵌套语句逐步进行判断，最终选择执行相应的操作。

```
#include <iostream>
using namespace std;
int main()
{
    int day=0;                                    //定义变量表示输入星期几。
    int monday=1,tuesday=2,wednesday=3, thursday=4,friday=5,
    saturday=6,sunday=7;
    cout<<" 请输入星期几:（阿拉伯数字 1 到 7）"<<endl; // 显示提示信息。
    cin>>day;                                     // 获取用户输入的值。
    if (day>friday)
    {
        if (day==saturday)                        // 判断是周六的时候。
        {
            cout<<" 和朋友去逛街 "<<endl;
        }
        else                                      // 判断是周日的时候。
        {
```

```
                cout<<" 在家陪家人 "<<endl;
            }
        }
        else
        {
            if (day==monday)                    // 判断是周一的时候。
            {
                cout<<" 公司开会 "<<endl;
            }
            else
            {
                cout<<" 和同事一起工作 "<<endl;    // 除周一和周末时。
            }
        }
        return 0;
    }
```

　　该程序首先判断是否为周六或周日,并分别显示出相应的日程安排。然后在 else 中判断是否为周一,若是,则显示周一的日程安排,最后判断除了周末和周一的情况下该显示何种日程。这里用的就是 if…else… 语句的嵌套,不难理解。

3.2 switch 语句

★ 3.2.1 switch 语句 ★

由上节日程安排的例子我们可以看出：使用 if…else… 系列语句的嵌套可以实现 3 种和 3 种以上的工作流，并进行判断和执行。但是，对于更多种情况的分支判断执行，使用 if 语句的嵌套就不那么直观了，容易引起混乱。因此，我们需要一种更加直观明晰的、开关式的判断语句，这就是 switch 语句。

switch 语句的一般格式是：

```
switch（条件表达式）
{
    case 条件值 1：            //判定条件 1
        执行指令或语句块；//执行体
        break；                //此处 break 绝对不能少，否则程序会继续往下执行。
    case 条件值 2：
        执行指令或语句块；
        break；
    case 条件值 3：
        执行指令或语句块；
        break；
    ……；                    //其他 case 语句
    default：
        执行指令或语句块；
        break；
}
```

C++ 的 switch 语句很像指路牌，根据 case 条件值的匹配情况来决定接下来要执行哪行代码。执行到 switch 语句的时候，先计算"条件表达式"的值，其值跟哪一个 case 值匹配，就执行其后的语句。例如：若条件表达式的值是 3，则程序将直接跳到"case 条件值 3"的那一行，并执行下面的指令或语句块，其他 case 语句不再执行。"条件表达式"必须是一个结果为常量值的表达式，另外每个"case"后面的条件必须是常量表达式，最常见的是 int 或 char 型的常量，也可以是枚举量。若"case"后面的条件值没有任何被匹配，则程序将直接跳到 default 标记的那一行，default 标签是可选的，如果被省略，又没有匹配的条件值，则程序将跳到 switch 后面的语句执行，如图 3-4 所示：

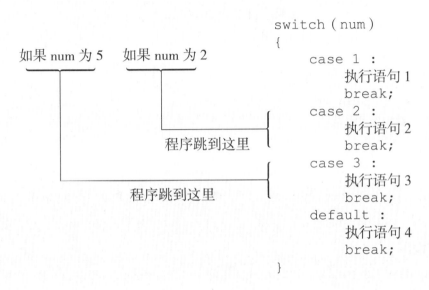

图 3-4

【例 3.7】修改日程安排 ——switch 语句

上一节我们用的是 if 语句的嵌套来实现日程安排程序，本例我们要求使用 switch 语句来实现日程安排。

【参考程序】

```cpp
#include <iostream>
using namespace std;
int main ()
{
    int day=0;
    cout<<" 请输入星期几：（阿拉伯数字 1-7）"<<endl;
    cin>>day;
    switch (day)
    {
```

```
        case 1:
            cout<<" 在公司开会 "<<endl;
            break;
        case 6:
            cout<<" 和朋友逛街 "<<endl;
            break;
        case 7:
            cout<<" 在家休息 "<<endl;
            break;
        default:
            cout<<" 和同事一起工作 "<<endl;
            break;
    }
    return 0;
}
```

【例 3.8】输入百分制分数，给出相应的等级，当分数大于 90 分的时候为 "A"，80—89 分为 "B"，70—79 分为 "C"，60—69 分为 "D"，60 分以下为 "E"。

【参考程序】

```
#include <iostream>
using namespace std;
int main()
{
    int score;
    cout<<" 请输入学生的成绩（整数）"<<endl;
    cin>>score;
    if (score==100)
        score=90;
    score=score/10;
    switch (score)
    {
        case 9:
            cout<<" 成绩等级为 A"<<endl;
            break;
        case 8:
            cout<<" 成绩等级 B"<<endl;
```

```
                break;
        case 7:
                cout<<" 成绩等级为 C"<<endl;
                break;
        case 6:
                cout<<" 成绩等级为 D"<<endl;
                break;
        default:
                cout<<" 成绩等级为不合格 "<<endl;
                break;
        }
        return 0;
}
```

★ 3.2.2　switch 语句和 if…else…语句 ★

switch 语句和 if…else… 语句(if语句嵌套)都可以从多个选项中进行选择。相比之下,if…else… 语句更加通用。例如:它可以处理取值范围,如下所示。

```
if (age>17 and age<35)
        index=0;
else if (age>=35 and age<50)
        index=1;
else if(age>=50 and age<65)
        index=2;
else
        index=3;
```

上面的小例子因为 if 语句后面的执行语句都是单行语句,所以此处就没有打上花括号"{}"。通过 if…else… 的重复使用和嵌套,实现了区间取值的目的。

然而,switch 语句并不是为处理取值范围而设计的,switch 语句中每一个 case 标签后面的判定条件都必须是一个独立的值,并且必须是整常量值,所以 switch 语句无法进行浮点数测试。另外,case 后面的判定条件还必须是常量。所以,若是涉及取值范围、浮点数测试或两个变量的比较,则应使用 if…else… 语句。但是,若所有选项都可以用整数常量来标识,而且选项超过两个,则 switch 语句的效率更高。

习题与上机练习

1. 分段函数求值

有一个分段函数：

$$y=\begin{cases} x & (x<1) \\ 2x-1 & (1<=x<10) \\ 3x-11 & (x>=10) \end{cases}$$

用 cin 函数输入 x 的值，求 y 的值。

2. 编写程序

求一元二次方程 $ax^2+bx+c=0$（$a \neq 0$）的两个根并输出结果。系数 a、b、c 的值由键盘键入。

3. 计算运费

距离 s 越远，每公里运费越低，标准如下：

s<250km：无折扣

250<=s<500：2% 折扣

500<=s<1000：5% 折扣

1000<=s<2000：8% 折扣

2000<=s<3000：10% 折扣

3000<=s：15% 折扣

设每公里每吨货物的基本运费为 p，货物重为 w，距离为 s，折扣为 d，则总运费为：

f=p*w*s*(1−d)

4. 骑车与走路

题目描述：在校园里，没有自行车，上课、办事会很不方便。但是，实际上并非去办任何事情都是骑车快，因为骑车总要找车、开锁、停车、锁车等，这些都要耽误一些时间。假设找到自行车、开锁并骑上自行车的时间为 27 秒，停车、锁车的时间为 23 秒，步行每秒行走 1.2 米，骑车每秒行走 3.0 米，请判断走不同的距离去办事，是骑车快还是走路快。如果骑车快，输出 "Bike"；如果走路快，输出"Walk";如果一样快,输出"All"。

输入:包含一个整数,表示一次办事要行走的距离,单位为米。

输出:如果骑车快,输出"Bike";如果走路快,输出"Walk";如果一样快,输出"All"。

输入样例:120

输出样例:Bike

5. 计算运费

题目描述:根据邮件的重量和用户是否选择加急计算邮费。计算规则:重量在1000克以内(包括1000克),基本费为8元。超过1000克的部分,每500克加收超重费4元,不足500克部分按500克计算;若用户选择加急,则多收5元。

输入:包含整数和一个字符,以一个空格分开,分别表示重量(单位为克)和是否加急。如果字符是y,说明选择加急;如果字符是n,说明不加急。

输出:包含一个整数,表示邮费。

输入样例:1200 y

输出样例:17

6. 判断闰年

题目描述:判断某年是否是闰年。若公元a年是闰年则输出"YES",否则输出"NO"。

输入:输入只有一行,包含一个整数a(0 < a < 3000)。

输出:一行,若公元a年是闰年则输出"YES",否则输出"NO"。

输入样例:2006

输出样例:NO

7. 算术计算器

题目描述:制作一个简单的计算器,支持加(+)、减(−)、乘(*)、除(/)4种运算。仅需考虑输入、输出为整数的情况,数据和运算结果不会超过int表示的范围。然而:

1. 若出现除数为0的情况,则输出"除数不能为0!"。

2. 若出现无效的操作符(即不为"+"、"−"、"*"、"/"之一),则输出"运算符无效!"。

输入:输入只有一行,共有3个参数,其中第一、二个参数为整数,第三个

参数为操作符(+、-、*、/),参数之间用空格分隔开。

输出：输出只有一行，一个整数，为运算结果。

输入样例：1 2 +

输出样例：3

人工智能教程 10 · C++ 语言基础教程

第四章

循环结构程序设计

重复性的劳动会让人觉得烦躁、没有挑战性，把这些烦人的事交给计算机去做吧。不过你要告诉它怎么去做。

本章主要内容

循环结构的算法，while 语句、do…while… 语句、for 语句以及相应算法，多重循环的实现，break、continue 和 goto 语句的使用。

在用计算机解决问题时,经常遇到要按照一定规律进行重复计算的问题,此时就要用到一种结构来加以解决,这种结构称为"循环结构"。循环结构常用的语句有 while 语句、do…while… 语句和 for 语句。

4.1 while 语句

while 语句构造的循环结构, 又称为"当型循环结构"。while 语句的一般形式如下:

```
while( 条件表达式 )
{
    语句组 ;
}
```

while 语句的流程图如图 4-1 所示:

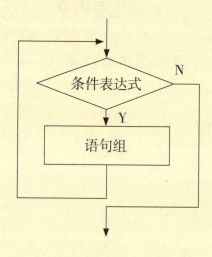

图 4-1

其中, while 是关键字。如果条件表达式的值为非 0 值, 就执行语句组, 即循环体，执行完语句组后，回到条件表达式，再次判断其值是否为非 0，一直循环执行语句组，直到条件表达式的值为 0 值，跳出循环，继续执行后面的语句。如果一开始条件表达式的值就为 0，语句组将一次也不执行，相当于一个空操作语句。

【**例 4.1**】输出大写字母 A 到 K。

【**参考程序**】

```
#include<iostream>
using namespace std;
int main()
{
    char ch='A';       //ch 的初值设为字符 A。
    while(ch<='K')  // 如果当前字符不大于字符 K，那么进行循环。
    {
        cout<<ch<<" ";      // 输出当前 ch 的值。
        ch=ch+1;        //ch 的值增 1，即变为下一个字母。
    }
    return 0;
}
```

【**例 4.2**】编程计算 s=1+2+3+4+……+100。

【**算法分析**】计算机最擅长的工作就是做运算。算式中的加数是一个等差数列，即后一个数减前一个数的差相等。找到这个规律，我们即可用循环结构来解决问题。

【**参考程序**】

```
#include<iostream>
using namespace std;
int main()
{
    int i=1,s=0;      // 定义两个变量 i 和 s 并赋初值。
    while(i<=100)     // 循环开始，当 i<=100 时，一直执行循环体中的语句。
    {
        s+=i;          // 等价于 s=s+i。
        i++;           // 此处循环体中两句可以合起来写成 s+=i++。注意体会
                       ++ 运算符的使用。
```

```
    }
    cout<<"s="<<s<<endl;
    return 0;
}
```

【例 4.3】求 s=1+2+3+…+n,当加到第几项时,s 的值会超过 100 ？

【参考程序】

```
#include<iostream>
using namespace std;
int main()
{
    int i=0,s=0;   //定义 i、s 是整型数据，赋初值为 1。
    while (s<100)
    {
        ++i;        //把 i+1 的结果赋值给 i，等同于 i=i+1。
        s=s+i;      //把 s+i 的和赋值给 s。
    }
    cout<<i<<endl;
    return 0;
}
```

while 语句执行过程:

（1）开始 i=0, s=0，判断 s 是小于 100 的，执行 ++i，i 的值变为 1，执行 s=s+i,s 的值变为 1;

（2）现在 s=1,i=1,判断 s 是小于 100 的,执行 ++i,i 的值变为 2,执行 s=s+i, s 的值变为 3;

……

依次循环,直到 s 的值大于或等于 100,循环结束。

程序运行结果: 14

注意避免以下程序:

① int i=0;   ② int i=0;

  while(1)   while(i)

  i ++;   i++;

①中的程序会一直执行, 出现死循环情况; ②中的程序不会执行 while 循

环,因为 i=0 第一次判断就不满足运行条件。

【例 4.4】求两个正整数 m,n 的最大公约数。

【算法分析 1】

求任意两个自然数 m 和 n 的最大公约数,其最大的可能是两个数中的较小者 min,最小的可能是 1。所以,可以设最大公约数从 min 开始进行判断,若 min>1 并且没有同时整除 m 和 n,则 min–1,重复判断是否整除。

【参考程序】

```cpp
#include<iostream>
using namespace std;
int main()
{
    int m,n,min;
    cin>>m>>n;
    min=m>n?n:m;    // 注意此处的特殊写法。
    // 如果最大公约数 >1 并且不是 m 或 n 的约数。
    while(min>1&&(m%min!=0||n%min!=0))
        min--;
    cout<<min<<endl;
    return 0;
}
```

"m>n?n:m;"中用到了条件运算符 "?:",它是 C++ 中唯一需要 3 个操作数的运算符。

格式:条件表达式 1 ? 表达式 2: 表达式 3

若表达式 1 为真,则整个条件表达式的值为表达式 2 的值;否则,整个表达式的值为表达式 3 的值。

例如:

5>3?10:12   // 5>3 是真的,所以最终结果是 10。

3==9?25:18   // 3==9 是假的,所以最终结果是 18。

while 语句执行过程:

(1)开始 min 的值为 m、n 中较小的一个,判断 min 是否大于 1 并且不是 m 或 n 的约数。

(2)min–1 之后判断 min 是否大于 1,并且不是 m 或 n 的约数。

......

直到 min=1 或者 m 和 n 对 min 取余为 0（min 是 m 和 n 的公共约数），循环结束，输出 min。

【算法分析 2】

采用辗转相除法（即欧几里得算法）求最大公约数。

①求 m 除以 n 的余数 r。

②当 r!=0，执行第③步；若 r==0，则 n 为最大公约数，算法结束。

③将 n 的值赋给 m，将 r 的值赋给 n；再求 m 除以 n 的余数 r。

④转到第②步。

【参考程序】

```cpp
#include<iostream>
using namespace std;
int main()
{
    int m,n;
    cin>>m>>n;
    int r=m%n;
    while(r!=0)
    {
        m=n;
        n=r;
        r=m%n;
    }
    cout<<n<<endl;
    return 0;
}
```

程序执行过程：

①假设输入 12 15，此时 m=12，n=15，r=12；判断 r!=0 条件满足，执行 while 循环语句 m=15，n=12，r=3。

②判断 r!=0 条件满足，执行 while 循环语句 m=12，n=3，r=0。

③判断 r!=0 条件不满足，退出 while 循环，输出 n，结果是 3。

4.2 do…while…语句

do…while… 语句构造的循环结构，又称为"直到型循环"结构。该语句的一般形式如下：

```
do
{
    语句组；
} while( 条件表达式 );
```

do…while… 语句的流程图如图 4-2 所示：

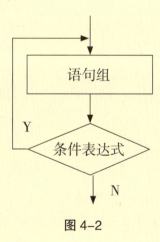

图 4-2

其中，do 和 while 都是关键字。该语句的执行过程是：反复执行语句组即循环体，直到条件表达式的结果为 0 值，该 do…while… 语句执行完毕，流程控制转向去执行 do…while… 语句的下一语句。

while 循环和 do…while… 循环很相似，但是有一点最大的不同：while 循环语句先判断循环条件是否满足，若满足则执行，否则一次也不执行；do…while… 循环语句先执行一次，然后判断循环条件是否满足，若满足则继续执行,否则退出。do…while… 语句中的循环体语句最少执行一次。

　　while 语句与 do…while… 语句在一般情况下可互相替换。上节有包含 while 语句的程序编程都可以使用 do…while… 语句进行编码实现相同功能,但其表示形式与含义有所不同。

　　【例 4.5】求:1992 个 1992 的乘积的末两位数是多少?

　　【算法分析】

　　乘积的个位与十位数值与被乘数和乘数的个位与十位数字有关,所以本题相当于求 1992 个 92 相乘,而且本次的乘积是下一次相乘的被乘数,因此也只需取末两位参与计算就可以了。

　　【参考程序】

```cpp
#include<iostream>
using namespace std;
int main()
{
    int a=1,t=0;
    do
    {
        ++t;
        a=(a*92)%100;    //取乘积后两位。
    } while(t!=1992);
    cout<<a<<endl;
    return 0;
}
```

　　【例 4.6】校体操队到操场集合,排成每行 2 人,最后多出 1 人;排成每行 3 人,也多出 1 人;分别按每行排 4、5、6 人,都多出 1 人;当排成每行 7 人时,正好不多人。求:校体操队至少有多少人?

　　【算法分析】

　　按题意,人数是 7 的倍数;借助布尔类型变量判断人数。

　　【参考程序】

```cpp
#include<iostream>
using namespace std;
```

```
int main()
{
    int x=0;
    bool yes;
    do
    {
        yes=true;          //yes 为布尔类型数据。
        x=x+7;
        if(x%2!=1) yes=false;
        if(x%3!=1) yes=false;
        if(x%4!=1) yes=false;
        if(x%5!=1) yes=false;
        if(x%6!=1) yes=false;
    } while (yes==false);
    cout<<"all="<<x;
    return 0;
}
```

do…while… 循环语句执行过程：

（1）开始 x 值为 7，yes=true，判断 7%2！=1 为假，判断 7%3！=1 为假，判断 7%4！=1 为真，执行 yes=false，判断 7%5！=1 为真，执行 yes=false，判断 7%6！=1 为假；判断 yes=false 为真，继续循环。

（2）x 的值为 14，yes=true，判断 14%2！=1 为真，执行 yes=false，判断 14%3！=1 为真，执行 yes=false，判断 14%4！=1 为真，执行 yes=false，判断 14%5！=1 为真，执行 yes=false，判断 14%6！=1 为真，执行 yes=false；判断 yes=false 为真，继续循环，直到 x 的值为 301，yes=true，判断 301%2！=1 为假，判断 301%3！=1 为假，判断 301%4！=1 为假，判断 301%5！=1 为假，判断 301%6！=1 为假，判断 yes=false 为假，至此 4 个 if 判断语句都为假，说明 x 对 2,3,4,5,6 取余的结果都为 1，循环结束。

程序运行结果：301

4.3 for 语句

C++ 还提供了执行循环控制的第三种语句 ——for 语句，for 语句具有控制循环执行次数的简明形式。

for 语句的一般形式如下：

for(表达式 1; 表达式 2; 表达式 3)

{

　　　语句组；

}

其中，for 是关键字；3 个表达式均可以是任意形式的表达式，它们通常主要用于对 for 循环的控制；语句可以是单一语句，也可以是复合语句，其构成 for 语句循环结构中的循环体。for 语句的执行过程是：

首先计算表达式 1 的值，它通常用作循环结构的初始赋值。

其次计算表达式 2 的值，并判断其值是否为 0。若为非 0 值，表示循环要继续进行，则执行语句组即循环体，从而完成了一次循环。

接着计算表达式 3 的值，它通常用于对循环条件施加影响，以控制循环体执行次数。然后从计算表达式 2 的值开始重复上述操作，直至表达式 2 的计算结果为 0 值时，该 for 语句执行完毕，流程控制转向去执行 for 语句的下一语句。

【例 4.7】 用 for 语句编程。

【参考程序】

```
#include<iostream>
using namespace std;
int main()
{
```

```
        char ch;        //ch 的初值设为字符 A。
        for(ch='A';ch<='K';ch=ch+1)   // 循环开始。
        {
              cout<<ch<<" ";      // 输出 ch。
        }
        return 0;
}
```

【**例 4.8**】编程计算 S=10!（10!=10*9*8*7*6*5*4*3*2*1）。

【**参考程序**】

```
#include<iostream>
using namespace std;
int main()
{
    int s=1;      //s 的初值设为 1。
    for(int i=10;i>1;i--)   // 循环开始。
    {
          s*=i;
    }
    cout<<"10!="<<s<<endl;
    return 0;
}
```

4.4 循环嵌套

while 语句、do…while… 语句和 for 语句都允许互相嵌套使用，即循环里面套着循环，从而形成多重循环。当嵌套使用各种循环语句时，特别需要严格按照缩进规则来书写。有时还要适当加以注释，以保持清晰易辨的结构特征。

【例 4.9】 编写程序输出九九乘法表。

```cpp
#include<iostream>
#include<iomanip>
using namespace std;
int main()
{
    for(int i=1;i<=9;i++)
    {
        for(int j=1;j<=i;j++)
        {
            cout<<j<<"*"<<i<<"="<<setw(2)<<i*j<<" ";
        }
        cout<<endl;
    }
    return 0;
}
```

【例 4.10】 把一个合数分解成若干个质因数乘积的形式叫作"分解质因数"。输入一个正整数 n，将 n 分解成质因数乘积的形式。（例如：36=2*2*3*3）

输入样例：36

输出样例：36=2*2*3*3

【参考程序】

```cpp
#include<iostream>
using namespace std;
int main()
{
    int n,i=2;
    cin>>n;
    cout<<n<<"=";
    do
    {
        while(n%i==0)
        {
            cout<<i;
            n=n/i;
            if(n!=1)
                cout<<"*";
        }
        i++;
    } while(n!=1);
    return 0;
}
```

【例 4.11】 编程输出如下图形,要求输出的行数根据输入的整数 n 来确定。

```
*
* * *
* * * * *
* * * * * * *
......
```

【参考程序】

```cpp
#include<iostream>
using namespace std;
int main()
{
    int i,j,n;
```

```
cin>>n;
for(i=0;i<n;i++)
{
    for(j=1;j<=2*i+1;j++)
    {
        cout<<"*";
    }
    cout<<endl;
}
return 0;
}
```

【例 4.12】给定一个十进制正整数 n（1<=n<=10000），写下从 1 到 n 的所有整数,然后数一下其中出现的数字 1 的个数。

输入样例：1000

输出样例：301

【参考程序】

```
#include<iostream>
using namespace std;
int main()
{
    int i,n,a,j,s=1;
    cin>>n;
    for(i=2;i<=n;i++)      //定义了 s=1，所以 i 从 2 一直枚举到 n。
    {
        a=i;         //不方便改变 i 的值，所以用 a 代替。
        do
        {
            j=a%10;    //不断分离出 a 的个位。
            a=a/10;    //整除 10，删去个位。
            if(j==1)s++;    //若该位为 1，则计数器 s+1。
        }while(a!=0);    //若满足条件，说明 a>10，还未分离完，
                         继续循环。
    }
    cout<<s;
```

```
        return 0;
    }
```

【**例 4.13**】国王将金币作为工资，发放给忠诚的骑士。第一天，骑士收到 1 枚金币；之后两天（第二天、第三天），每天收到 2 枚金币；之后 3 天（第四、第五、第六天），每天收到 3 枚金币 …… 这种工资发放模式会一直这样延续下去。当连续 n 天收到 n 枚金币后，骑士会在之后的连续 n+1 天里每天收到 n+1 枚金币。输入一个正整数 n，计算骑士共获得多少枚金币。

输入样例：3

输出样例：14

【**参考程序**】

```
#include<iostream>
using namespace std;
int n,s=0,t=0;
int main()
{
    cin>>n;
    for(int i=1;i<=n;i++)
    {
        t=0;        // 内层循环前，先将 t 置 0。
        for(int j=1;j<=i;j++)      // 两个 for 循环，执行连续 j 天，
                                   // 每天得到 i 个金币。
        {
            s=s+i;      // 金币总量
            t++;        // 目前天数
            if(t==n)    // 天数为 n 时结束，输出金币总数 s。
            {
                cout<<s;
            }
        }
    }
    return 0;
}
```

4.5　break 语句、continue 语句和 goto 语句

C++ 提供了 3 个执行无条件控制的语句：break 语句、continue 语句和 goto 语句。break 语句可用于 switch 语句和循环语句中，而 continue 语句只能用于循环语句中，它与 switch 语句没有关系。goto 语句虽然到处可用，但其主要用途也是使流程控制从循环结构中跳转出来。

★ 4.5.1　break 语句 ★

在 switch 语句中，为了实现多路择一的功能，需要使用 break 语句，以便在执行了所选语句之后接着从 switch 语句中跳出，使流程控制转向去执行 switch 语句的下一语句。break 语句的形式很简单，其一般形式如下：

break;

实际上，break 语句还可以用于执行循环控制的那 3 个循环语句中，以便在某一适当时刻及位置终止执行循环体中的语句，并使流程控制退出该循环控制结构，转去执行该循环语句的下一语句。

【例 4.14】用穷举法求两个正整数 i 和 j 的最大公因数。

【算法分析】

对上述 i 和 j 首先确定其较小者 min，即当 i<j 时令 min 的值为 i，当 i>=j 时令 min 的值为 j；然后依次测试 min，min−1，min−2，…，直至 1，而最先能同时被 i 和 j 所整除的那个数便是 i 和 j 的最大公因数。一旦找到了最大公因数，就无须再继续进行下去。

【参考程序】

```cpp
#include<iostream>
using namespace std;
```

```
int main()
{
    int i,j,min,k;
    do
    {
        cout<<" 请输入两个大于 0 的整数: ";
        cin>>i>>j;
    }while(!(i>0&&j>0));
    min=(i<j)?i:j;
    for(k=min;k>=1;k--)
        if(i%k==0 && j%k==0)
            break;        //跳出循环。
    cout<<" 最大公因数是: "<<k<<endl;
    return 0;
}
```

注意: break 语句不能用于从 if 语句的选择结构中跳出。另外,在多重循环结构中,一个 break 语句仅能从它自身所在循环体的那个循环结构中跳出,亦即它仅能实现向"外"跳一层。

★ 4.5.2　continue 语句 ★

有时候在循环控制结构中,仅需实现从当前位置将流程控制转移至本次循环的结束位置,然后继续执行下一次循环,而不是跳出整个循环语句。C++ 提供了 continue 语句,以实现这样的功能。

continue 语句的一般形式如下:

continue;

continue 语句只能用于 while 语句、do…while… 语句以及 for 语句这 3 类循环语句中。

【例 4.15】编程实现:把 101~200 之间的不能被 3 整除的数输出,每 10 个数据输出在一行上。

输入样例:无

输出样例:

101　102　104　106　107　109　110　112　113　115

```
116 118 119 121 122 124 125 127 128 130
131 133 134 136 137 139 140 142 143 145
146 148 149 151 152 154 155 157 158 160
161 163 164 166 167 169 170 172 173 175
176 178 179 181 182 184 185 187 188 190
191 193 194 196 197 199 200
```

【参考程序】

```cpp
#include<iostream>
#include<iomanip>
using namespace std;
int main()
{
    int i=0,n;
    for(n=101;n<=200;n++)
    {
        if(n%3==0)          //判断是否能被 3 整除。
            continue;        //执行下一次循环。
        cout<<setw(5)<<n;
        if(++i%10==0)        //每输出 10 个数换行。
            cout<<endl;
    }
    cout<<endl;
    return 0;
}
```

★ 4.5.3 goto 语句 ★

goto 语句是 C++ 中又一种执行无条件控制的语句,其一般形式如下:

goto 标号名;

其中, goto 是一个关键字;标号名可以是任意标识符。C++ 规定:由标号名加上冒号组成"语句标号",或简称"标号"。可以在任何语句前加上语句标号,使得 goto 语句可以直接转向它。语句标号本身则不必事先特殊地加以定义。为能有效地控制这种实现无条件转移的形式,C++ 限定 goto 语句必须与它所要转向的带标号语句同在一个函数体内。也就是说，goto 语句不能实现从一个函数体转移到另一个函数体中去。

【例 4.16】用 goto 语句实现例 4.2 的程序。

【参考程序】

```cpp
#include<iostream>
using namespace std;
int main()
{
    int i,sum=0;
    i=1;
    loop:if(i<=100)
    {
        sum+=i;
        i++;
        goto loop;
    }
    cout<<"Sum="<<sum<<endl;
    return 0;
}
```

特别注意：由于 goto 语句会导致程序可读性降低，逻辑结构较为混乱，因此非必须使用时不建议使用。

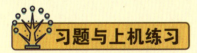

习题与上机练习

1. 求斐波那契数列指定项

斐波那契数列的值是 1,1,2,3,5,8… 即：

F(1)=1,

F(2)=1,

F(n)=F(n−2)+F(n−1) (n>=3)

输入一个正整数 n(n<=40)，求斐波那契数列的第 n 项值。

2. 输出素数

素数指的是只能被 1 和自身整除的数字。现在给你两个正整数 N 和 M

（N<M），要求输出 N 和 M 之间所有的素数。

3. 球弹跳高度的计算

题目描述：一球从某一高度 h 落下（单位：米），每次落地后反跳回原来高度的一半再落下。编程计算：气球在第 10 次落地时，共经过多少米？第 10 次反弹多高？

输入：输入一个整数 h，表示球的初始高度。

输出：第一行：到球第 10 次落地时，一共经过的米数。第二行：第 10 次弹跳的高度。

输入样例：

20

输出样例：

59.9219

0.0195312

4. 数字反转

题目描述：给定一个整数，请将该数各个位上数字反转得到一个新数。新数也应满足整数的常见形式，即除非给定的原数为零，否则反转后得到的新数的最高位数字不应为零，例如：输入 –380，反转后得到的新数为 –83。

输入：一个整数 N。

输出：一个整数，表示反转后的新数。

输入样例 #1：123

输出样例 #1：321

输入样例 #2：–700

输出样例 #2：–7

5. 角谷猜想

题目描述：所谓"角谷猜想"，是指对于任意一个正整数，若是奇数，则乘 3 加 1；若是偶数，则除以 2。得到的结果再按照上述规则重复处理，最终总能够得到 1。例如：假定初始整数为 5，计算过程分别为 16、8、4、2、1。程序要求输入一个整数，将经过处理得到 1 的过程输出来。

输入：一个正整数 N（N ≤ 2,000,000）。

输出：从输入整数到 1 的步骤，每一步为一行，每一步中描述计算过程。

最后一行输出 "End"。若输入为 1,则直接输出 "End"。

输入样例:

5

输出样例:

5*3+1=16

16/2=8

8/2=4

4/2=2

2/2=1

End

6. 最大跨度值

题目描述:给定一个长度为 n 的非负整数序列,请计算序列的最大跨度值(最大跨度值 = 最大值 – 最小值)。

输入:一共 2 行,第一行为序列的个数 n(1 ≤ n ≤ 1000),第二行为序列的 n 个不超过 1000 的非负整数,整数之间以一个空格分隔。

输出:输出一行,表示序列的最大跨度值。

输入样例

6

3 0 8 7 5 9

输出样例:

9

7. 小明的棒棒糖

题目描述:小明有 n 根棒棒糖,他每吃完一根棒棒糖就把棒保存起来,k(k>1)根棒可以换一个新的棒棒糖,那么小明最终能吃到多少根棒棒糖呢?

输入:两个整数 n、k。

输出:一个整数,表示最终吃到的棒棒糖的根数。

输入样例 #1: 4 3

输出样例 #1: 5

输入样例 #2: 10 3

输出样例 #2: 14

8. 回文数

题目描述：若一个数（首位不为零）从左向右读与从右向左读都一样，我们就将其称为"回文数"。

例如：给定一个十进制数 56，将 56 加 65（即把 56 从右向左读），得到 121 是一个回文数。

又如：对于十进制数 87

第一步：87 + 78 = 165

第二步：165 + 561 = 726

第三步：726 + 627 = 1353

第四步：1353 + 3531 = 4884

在这里的一步是指进行了一次 10 进制的加法，上例最少用了 4 步得到回文数 4884。

写一个程序，给定一个 10 进制数 M，求最少经过几步可以得到回文数。若在 10 步以内（包含 10 步）不可能得到回文数，则输出"Impossible!"。

输入：M

输出：STEP=ans

输入样例 #1：87

输出样例 #1：STEP=4

第五章

数 组

学会了基础的编程"魔法",现在你需要拥有千军万马,指挥他们冲锋陷阵,去赢得一个又一个的胜利!

本章主要内容

数组类型的特性及用法,内容涉及一维数组、多维数组和字符串类型,以及关于数组的一些基本算法与应用。

为什么要使用数组？

通过前面几章内容的学习，我们已经可以编程解决各种相当复杂的问题了，但是当需要处理的数据比较多时，仅仅依靠前面的知识是不够的，即使是简单的问题也可能需要比较复杂的程序来处理。比如下例：

【例 5.1】英语测试后，需要输入班级 50 名同学的成绩，并求出他们的平均分，且找出成绩低于平均分（满分为 150 分）的学生的序号与成绩。

【算法分析】

要解决这个问题，按照我们前面学过的办法，可以通过 50 个变量依次读入 50 个成绩并累加，再求平均分，然后依次找出低于平均分的成绩输出。如果用变量 a1,a2,…, a50 存储这些数据，定义变量与输入数据程序片段如下：

```
int a1,a2,…a50；
cin>>a1>>a1>>…>>a50；
```

注意： 如果真正要像上面这样编写程序，那么所有的省略号都必须用完整的语句写出来。这样的程序是多么烦琐啊，而且容易输入错误。如果要处理的数据规模达到成千上万，用上面的办法，单单输入就会异常复杂，使用程序解决问题的优势没有得到体现。

从以上的讨论可以看出，如果只使用简单变量处理大量数据，就会使问题变得事倍功半，程序冗长。

在输入数据的时候我们可以看出，这些数据具有大体相同的性质，我们可以将其定义为一类变量，这就是数组。

在数学中我们学过数列，数列的表示方法是使用下标变量 a_i 的形式。在 C++ 中，数组也是使用带下标变量的变量。

具体来说，数组是具有同一类型数据项的有序集合，这些数据项称为"数组元素"或"下标变量"，其所属数据类型称为"基类型"。数组类型说明中包括下标类型和基类型。数组由一组连续的存储地址构成，其最低的地址对应于第一个数组元素，最高的地址对应于最后一个数组元素。数组变量的每一个特定元素都使用数组名和下标来唯一确定和访问。数组可以是一维的，也可以是多维的。

【参考程序】

```
#include<iostream>
using namespace std;
int main()
{
    int a[51];
    int s=0;
    double avg;
    for(int i=1;i<=50;i++)
    {
        cin>>a[i];        //依次输入 50 个成绩。
        s+=a[i];          //累加。
    }
    avg=s/50.0;    //求平均分。
    cout<<"平均分："<<avg<<endl;
    for(int i=1;i<=50;i++)
    {
        if(a[i]<avg)
            cout<<"编号 "<<i<<" "<<a[i]<<" ";
    }
    cout<<endl;
    return 0;
}
```

我们已经体会到使用数组处理大量数据的优势，接下来我们具体学习关于数组的基本概念。

5.1 一维数组

★ 5.1.1 一维数组的定义 ★

仅带有一个下标的数组称为"一维数组"。在程序中,一维数组变量必须先定义后引用。定义一维数组的一般形式如下:

类型标识符 一维数组名 [常量表达式];

【说明】

(1)类型标识符是指该数组的基类型,即每一个数组元素的数据类型。

(2)数组名的命名与变量的命名规则一致,它是一个标识符,是所有数组元素共同的名字。

(3)常量表达式是一个值为正整数的表达式,它规定了该一维数组的大小,亦即数组元素的个数。

【例 5.2】一维数组定义示例。

int i[100]; // 定义一个大小为 100 的一维整型数组 i。

double d[120]; // 定义一个大小为 120 的一维双精度实型数组 d。

char ch[n]; // 此定义是非法的,因为定义时下标不能为变量。

需要注意的是,数组的下标是从 0 开始的。int a[100] 共有 100 个元素,分别是 a[0], a[1],…, a[99]。数组 i 在内存中的存储如下所示:

a[0]	a[1]	a[2]	a[3]	a[4]	a[5]	a[6]	…	a[99]

它们在内存中占据 100 个连续的存储单元。数组 a 的下标最小为 0,最大为 99,所有元素都是整型变量。

★ 5.1.2 一维数组的初始化 ★

数组的初始化可以在定义时一并完成。格式如下:

类型标识符　数组名 [常量表达式]={ 值 1, 值 2, 值 3,…};

例如：

int a[5]={1,2,3,4,5,};

【说明】

（1）在初值列表中可以写出全部数组元素的值，也可以写出部分数组元素的值，如下面的示例对数组初始化：

int x[10]={1,2,3,4,5};

该方法只对前 5 个元素依次进行初始化，其余值为 0。

（2）对数组元素全部初始化为 0，可以简写为 {}。

int a[5]={};

【例 5.3】观察下面程序对数组的初始化，并进行对比。

程序 1：	程序 2：	程序 3：
```\n#include<iostream>\nusing namespace std;\nint a[5];\nint main()\n{\n for(int i=0;i<5;i++)\n cout<<a[i]<<" ";\n return 0;\n}\n```	```\n#include<iostream>\nusing namespace std;\nint main()\n{\n int a[5];\n for(int i=0;i<5;i++)\n cout<<a[i]<<" ";\n return 0;\n}\n```	```\n#include<iostream>\nusing namespace std;\nint main()\n{\n int a[5]={5,6};\n for(int i=0;i<5;i++)\n cout<<a[i]<<" ";\n return 0;\n}\n```
运行结果： 0 0 0 0 0	运行结果： 828938 289892 28 293 29	运行结果： 5 6 0 0 0

【说明】

程序 1、程序 2、程序 3 的区别在于数组定义在 int main( ) 之内还是之外。程序 1 中数组定义放在 int main( ) 之外，其初始值是 0 值。程序 2 数组定义放在 int main( ) 之内，其初始值是随机的。程序 3 中数组定义放在 int main( ) 之内，只给 a[0]、a[1] 赋初值，其后面的元素 a[2]~a[4] 自动赋 0 值。

★ 5.1.3　一维数组的引用 ★

通过给出的数组名称和这个元素在数组中的下标,程序可以引用这个数组中的任何一个元素。

一维数组元素的引用格式:

数组名 [下标];

例如:若 i、j 都是 int 型变量,则

a[5]

a[i+j]

a[i++]

都是合法的数组引用。

【说明】

(1)下标可以是任意值为整型的表达式,该表达式里可以包含变量和函数调用。引用时,下标值应在数组定义的下标值范围内。

(2)数组的精妙之处在于引用时下标可以是变量,通过对下标变量值的灵活控制,可达到灵活处理数组元素的目的。

(3)C++ 语言只能逐个引用数组元素,而不能一次引用整个数组。

例如:int a[100],b[100]; a=b; 这样的语句是非法的。

(4)数组元素可以像同类型的普通变量那样使用,对其进行赋值和运算操作,与普通变量完全一样。

例如:c[10]=38; 实现了给 c[10] 赋值为 38。

C++ 语言规定,使用数组时,要注意:

(1)数组元素的下标值为正整数。

(2)在定义元素个数的下标范围内使用。

然而,当在程序中把下标写成负数、大于数组元素的个数时,程序编译时是不会出错的。例如:

int a[10];

a[-5]=5;

a[20]=89;

a[10]=20;

int k=a[30];

这些语句的语法是正确的, 能够通过程序的编译。然而, 它们要访问的数组元素并不在数组的存储空间里,这种现象叫作"数组越界"。例如下面的程序:

```cpp
#include<iostream>
using namespace std;
int main()
{
    int a[10];
    for(int i=0;i<=10;i++)
    {
        a[i]=i;
        cout<<a[i]<<" ";
    }
    return 0;
}
```

【说明】

该程序能够通过编译, 也能运行出结果, 程序存在的问题是定义 a[10], 使用的时候数组的下标超过了 9。C++ 语言中, 数组越界访问时不一定会给出任何提示,也就是说,程序是可以超出数组边界进行读写,但会造成内存的混乱。

数组越界是实际编程中常见的错误,而且这类错误往往难以捕捉。这是因为越界语句本身并不一定导致程序立即出错,可能在遇到某些数据时才导致错误,有时由于越界,意外地改变了变量或指令,导致在调试器里调试的时候,程序出现不按照应当的次序运行的现象。

★ 5.1.4　一维数组的应用 ★

【例 5.4】输入 n 个数, 要求程序按输入时的逆序把这 n 个数输出, 已知整数不超过 100 个。也就是说,按输入的相反顺序输出这 n 个数。

【算法分析】我们可定义一个数组 a 用以存放输入的 n 个数, 然后将数组 a 中的内容逆序输出。

【参考程序】

```cpp
#include<iostream>
using namespace std;
```

```
int a[100];
int main()
{
    int x=0,n;
    cin>>n;
    while(x<n)
        cin>>a[x++];        // 相当于 {cin >> a[x]; x++;}。
    for(int i=n-1;i>=0;--i)
        cout<<a[i]<<" ";
    cout<<endl;
    return 0;
}
```

【说明】

语句 int a[100] 定义了一个包含 100 个整型变量的数组,它们是 a[0], a[1], a[2], …, a[99]。注意:没有 a[100]。在上述程序中,数组 a 被定义在 main 函数的外面。只有放在外面时,数组 a 才可以开得很大;放在 main 函数内时,数组稍大就会异常退出。

数组之间不能进行相互的赋值操作。如定义了 int a[100],b[100],是不能用 b=a 进行赋值的。如果要从数组 a 赋值 k 个元素到数组 b,可以这样做:memcpy(b,a,sizeof(int)*k)。如果数组 a 和 b 都是浮点型的,复制时要写成 memcpy(b,a,sizeof(double)*k)。如果需要将数组 a 全部复制到数组 b 中,可以写成 memcpy(b,a,sizeof(a))。使用 memcpy 函数时,注意程序要包含头文件 cstring。

【例 5.5】将整型数组 a 中第一个元素移动到数组末尾,其余元素依次向前移动一个位置。

【算法分析】

(1)先将第一个元素拿出来,存放到一个临时变量中暂存,如 tmp=a[0]。

(2)依次将第二到第 n 个元素前移。a[1]=a[2];a[2]=a[3];…;a[n-1]=a[n]。

(3)最后将临时变量中 tmp 中的元素赋给 a[n]。a[n]=tmp。

【参考程序】

```
#include<iostream>
#include<iomanip>
const int n=100;
```

```
using namespace std;
int a[n];
int main()
{
    int x,tmp;
    cout<<"输入数的个数：";
    cin>>x;
    for(int i=0;i<x;i++)
    cin>>a[i];
    tmp=a[0];
    for(int i=0;i<x-1;i++)
    a[i]=a[i+1];
    a[x-1]=tmp;
    cout<<"结果："<<endl;
    for(int i=0;i<x;i++)
    cout<<setw(3)<<a[i];
    return 0;
}
```

运行结果：

输入数的个数：5

12 23 34 45 56

结果：

23 34 45 56 12

【例5.6】宾馆里有100个房间，从1—100编了号。第一个服务员把所有的房间门都打开了，第二个服务员把所有编号是2的倍数的房间做了"相反处理"，第三个服务员把所有编号是3的倍数的房间做了"相反处理"……之后每个服务员都是如此操作。当第100个服务员来过后，哪几扇门是打开的？（所谓"相反处理"是指原来开着的门关上，原来关上的门打开。）

【算法分析】

用数组元素 a[1],a[2],…, a[n] 表示编号为 1,2，…，n 的门，设置开/关两种状态，即可模拟题目中所描述的操作。

【参考程序】

```
#include<iostream>
```

```
#include<cstdio>
#include<cstring>
using namespace std;
int a[110];
int main()
{
    int n,first=1;
    memset(a,0,sizeof(a));    //memset 函数用来初始化数组 a 的元素为 0。
    for(int i=1;i<=100;i++)       //i 表示第 i 个服务员。
        for(int j=1;j<=100;j++)  //j 表示第 j 个房间。
            if(j%i==0)                 //a[j]=0 表示关门 ,a[j]=1 表示开门。
                a[j]=!a[j];
    for(int i=1;i<=100;i++)
        if(a[i])     // 当门开着的时候，输出门的编号。
        {
            if(first)
                first=0;
            else
                cout<<" ";
            cout<<i;
        }
    cout<<endl;
    return 0;
}
```

运行结果：

1 4 9 16 25 36 49 64 81 100

【说明】

函数 memset(a,0,sizeof(a)) 的作用是把数组 a 清零,它在 cstring 中定义。虽然我们也可以用 for 循环完成相同的任务,但是用 memset 比较方便快捷。程序中,为避免输出多余的空格,设置了一个标志变量 first,可以表示当前要输出是否为第一个。第一个变量前不应该有空格,但其他都有。

【**例 5.7**】约瑟夫问题:n 个人围成一圈,从第一个人开始报数,报到 m 的人出圈;再由下一个人开始报数,报到 m 的人出圈……输出依次出圈的人的编号。n、m 由键盘输入。

【算法分析】

（1）由于对于每个人来说只有出圈和没有出圈两种状态，因此可以用布尔型标志数组存储游戏过程中每个人的状态。不妨用 true 表示出圈，false 表示没有出圈。

（2）开始的时候，给标志数组赋初值为 false，即每个人都在圈内。

（3）模拟报数游戏的过程，直到每个人都出圈为止。

【参考程序】

```
#include<iostream>
using namespace std;
bool a[101];      //根据题意定义数组。
int main()
{
    int n,m;
    cin>>n>>m;     //共 n 人，报到 m 出圈。
    cout<<endl;
    for(int i=1;i<=n;i++)
        a[i]=false;      //也可以用 memset(a,0,sizeof(a)) 来初始化数组。
    int f=0,t=0,s=0;
    do
    {
        t++;                 //逐个枚举圈中的所有位置。
        if(t==n+1)           //数组模拟环状，最后一个与第一个相连。
            t=1;
        if(a[t]==false)   //第 t 个位置上有人则报数。
            s++;
        if(s==m)             //当前报的数是 m。
        {
            s=0;             //计数器清零。
            cout<<t<<" ";  //输出出圈人的编号。
            a[t]=true;      //此处的人已出圈，设置为空。
            f++;             //出圈的人增加一个。
        }
    } while(f!=n);           //直到所有人都出圈为止。
```

```
        return 0;
    }
```

运行结果：

输入：9 4

输出：4 8 3 9 6 5 7 2 1

这是一个在算法设计上很有名气的经典约瑟夫（Josephu）问题，它有很多变例，如猴子选大王、持密码报数、狐狸追兔子等。

【例 5.8】输入 n 个整数，存放在数组 a[1] 至 a[n] 中，输出最大数所在位置（n<=10000）。

输入样例：5 52 36 92 58 78

输出样例：4

【算法分析】

设 maxa 存放最大值，k 存放对应最大值所在的数组位置，maxa 的初值为 a[1]，k 的初值对应为 1，枚举数组元素，找到比当前 maxa 大的数成为 maxa 的新值，k 值为对应位置，输出最后的 k 值。

【参考程序】

```cpp
#include<iostream>
using namespace std;
const int MAXN=10001;
int main()
{
    int a[MAXN];       //定义长度为 10001 的数组。
    int i,n,maxa,k;
    cin>>n;            //n 为输入数的个数。
    for(i=1;i<=n;i++)  //读入 n 个数存入到数组中。
        cin>>a[i];
    maxa=a[1];         //赋值最大值和初始位置。
    k=1;
    for(i=2;i<=n;i++)
        if(a[i]>maxa)  //枚举数组元素，找到最大值和初始位置。
        {
            maxa=a[i];
```

```
            k=i;
        }
        cout<<k;                    //输出最大值所在数组中的位置。
        return 0;
    }
```

【例 5.9】编程输入 10 个正整数,然后自动按照由大到小的顺序输出(冒泡排序法)。

输入样例: 2 5 8 74 12 69 52 16 96 32

输出样例: 96 74 69 52 32 16 12 8 5 2

【算法分析】

(1)用循环把 10 个数输入到数组 a 中。

(2)从 a[0] 到 a[1],相邻的两个数两两进行比较,即:

a[1] 与 a[2] 比较,a[2] 与 a[3] 比较 ……a[9] 与 a[10] 比较。

只需知道两个数中前面元素的标号,就能与后一个序号元素(相邻数)进行比较,可写成通用形式 a[i] 与 a[i+1] 比较,那么比较的次数又可用 1~(n-i) 循环进行控制(即循环次数与两两相比较时前面那个元素序号有关)。

(3)在每次的比较中,若较大的数在后面,则把前后两个数对换,把较大的数调到前面,否则不需调换位置。

下面例举 5 个数来说明两两比较和交换位置的具体情形:

6 9 5 2 7 6 和 9 比较,交换位置,排成如下行的情形;

9 6 5 2 7 6 和 5 比较,不交换,位置顺序不变;

9 6 5 2 7 5 和 2 比较,不较换,位置顺序不变;

9 6 5 2 7 2 和 7 比较,交换位置,排成如下行的情形;

9 6 5 7 2 经过(1~(n-1))次比较后,将 2 调到了末尾。

经过第一轮的 1~(n-1)次比较,就能把 10 个数中的最小值调到末尾的位置,第二轮比较 1~(n-2)次进行同样处理,又把这一轮所比较的"最小数"(即 10 个数的第二小的数)调到倒数第二的位置 …… 每进行一轮比较,就将一个本轮中的"最小数"调到本轮比较范围的"最末位置"。最后一轮比较仅有一次比较。在比较过程中,每次都有一个"最小数"往后移,就像水中的气泡一个一个地冒出来,因此这种排列顺序的方法常被称为"冒泡排序法"。

【参考程序】

```cpp
#include<iostream>
using namespace std;
const int n=10;
int a[n+1];    //定义数组。
int main()
{
    for(int i=1;i<=n;i++)
      cin>>a[i];    //输入数。
    for(int i=1;i<=n-1;i++)    //冒泡排序。
      for(int j=1;j<=n-1;j++)
        if(a[j]<a[j+1])    //两两比较与交换。
          swap(a[j],a[j+1]);
    for(int i=1;i<=n;i++)
      cout<<" "<<a[i];    //输出排序后的数。
    cout<<endl;
    return 0;
}
```

【例 5.10】用筛选法求出 100 以内的全部素数,并按每行 5 个数显示。

【算法分析】

(1)把 2 到 100 的自然数放入 a[2] 到 a[100] 中(所放入的数与下标号相同)。

(2)在数组元素中,以下标为序,按顺序找到未曾找过的最小素数 minp 和它的位置 p(即下标号)。

(3)从 p+1 开始,把凡是能被 minp 整除的各元素值从 a 数组中划去(筛掉),也就是给该元素置 0。

(4)让 p=p+1,重复执行第(2)、(3)步,直到 minp>floor(sqrt(n))为止。

(5)打印输出 a 数组中留下来且未被筛掉的各元素值,并按每行 5 个数显示。

用筛选法求素数的过程示意如下(示例中用下划线做删除标志):

(1)2 3 4 5 6 7 8 9 10 11 12 13 14 15 ……98 99 100 // 置数。

(2)2 3 4 5 6 7 8 9 10 11 12 13 14 15 ……98 99 100 // 筛去被 2 整除的数。

(3)2 3 4 5 6 7 8 9 10 11 12 13 14 15 ……98 99 100 // 筛去被 3 整除的数。

……

（i）2 3 <u>4</u> 5 <u>6</u> 7 <u>8</u> <u>9</u> <u>10</u> 11 <u>12</u> 13 <u>14</u> <u>15</u> ……<u>98</u> <u>99</u> <u>100</u> // 筛去被 i 整除的数。

【参考程序】

```cpp
#include<iostream>
#include<math.h>    // 调用数学函数库，c++ 中可调用 cmath。
#include<iomanip>
using namespace std;
const int n=100;
bool a[n+1];
int main()
{
    for(int i=0;i<=n;i++)
        a[i]=true;
    a[1]=false;
    for(int i=2;i<=sqrt(n);i++)
        if(a[i])
            for(int j=2;j<=n/2;j++)
                a[i*j]=false;
    for(int i=2,t=0;i<=n;i++)
        if(a[i])
        {
            cout<<setw(5)<<i;
            ++t;
            if(t%5==0)
                cout<<endl;
        }
        return 0;
}
```

5.2 二维数组与多维数组

★ 5.2.1 二维数组的定义 ★

当一维数组元素的类型也是一维数组时，便构成了"数组的数组"，即二维数组。可以视二维数组为"一维数组的一维数组"。二维数组定义的一般格式：

数据类型 数组名 [常量表达式 1][常量表达式 2];

例如：int a[4][50];

a 数组实质上是一个有 4 行、50 列的表格，表格中可存储 4*50=200 个元素。第一行第一列对应数组元素 a[0][0]，第 n 行第 m 列对应数组元素 a[n-1][m-1]。

【说明】

当定义的数组下标有多个时，我们称之为"多维数组"。下标的个数并不局限于一个或两个，可以是任意多个，如定义一个三维数组 x 和四维数组 y：

int x[100][3][5];

int y[50][4][10][20];

多维数组的引用与赋值等操作与二维数组类似。下面将以二维数组为主进行多维数组的介绍。

★ 5.2.2 二维数组的引用 ★

二维数组的数组元素引用与一维数组类似，区别在于二维数组元素引用必须给出 2 个下标。

引用的格式如下：

数组名 [下标 1][下标 2];

【说明】

每个下标表达式取值不应超出下标所指定的范围，否则会导致越界错误。

例如：设有定义 float f[3][5];

该数组表示 f 是二维数组（相当于一个 3×5 的表格），共有 15 个元素，它们是：

f[0][0] f[0][1] f[0][2] f[0][3] f[0][4]

f[1][0] f[1][1] f[1][2] f[1][3] f[1][4]

f[2][0] f[2][1] f[2][2] f[2][3] f[2][4]

可以看成一个矩阵（表格），f[1][2] 即表示第二行第三列的元素。

★ 5.2.3　二维数组的初始化 ★

二维数组的初始化与一维数组的初始化类似。可以将每一行分开来写在各自的花括号里，也可以把所有数据写在一个花括号里。

例如：

int dir[4][2]={{1,0},{0,1},{-1,0},{0,-1}};

int dir[4][2]={1,0,0,1,-1,0,0,-1};　　// 此种方法尽量不要用，免得引起紊乱。

★ 5.2.4　二维数组的应用 ★

【例 5.11】输入一个 n×n（n<10）的二维矩阵（表格），将行变为列、列变为行转置输出。

输入样例：

3

4 5 2

3 1 9

2 4 7

输出样例：

4 3 2

5 1 4

2 9 7

【参考程序】

```
#include<cstdio>
#include<iostream>
```

```
#include<iomanip>
using namespace std;
int main()
{
    int n;    //输入n, n×n矩阵。
    cin>>n;
    int a[15][15];
    for(int i=1;i<=n;i++)
    {
        for(int j=1;j<=n;j++)    //依次输入数组元素。
            cin>>a[i][j];
    }
    for(int i=1;i<=n;i++)
    {
        for(int j=1;j<=n;j++)
            cout<<setw(5)<<a[j][i];    //列变行输出。
        cout<<endl;
    }
    return 0;
}
```

【例 5.12】已知一个6×6矩阵(方阵),把矩阵两条对角线上的元素值加上10,然后输出这个矩阵。

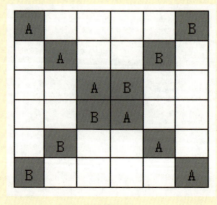

图 5-1

【算法分析】

6×6矩阵如图5-1所示,是一个二维数组,有36个元素,矩阵有两条对角线。本题的难点在于对角线上的元素如何通过下标用数组表示出来。通过观察发现,对角线元素都是有规律的,你看出来了吗?

【参考程序】

```
#include<iostream>
#include<iomanip>
using namespace std;
int a[7][7];
int main()
{
    for(int i=1;i<=6;i++)   //通过两层 for 循环输入矩阵元素。
        for(int j=1;j<=6;j++)
            cin>>a[i][j];
    for(int i=1;i<=6;i++)    //更改对角线元素的值。
        for(int j=1;j<=6;j++)
            if((i==j)||i+j==7) //对角线元素对应二维数组下标值的特征。
                a[i][j]+=10;
    for(int i=1;i<=6;i++)    //输出二维矩阵。
    {
        for(int j=1;j<=6;j++)
            cout <<setw(5)<<a[i][j];
        cout<<endl;
    }
    return 0;
}
```

【例 5.13】 大部分元素为 0 的矩阵称为"稀疏矩阵"。假设有 k 个非 0 元素,则可把稀疏矩阵用 k×3 的矩阵进行简记,其中第一列是非 0 元素的行号,第二列是非 0 元素的列号,第三列是非 0 元素的值。如:

0 0 0 6　简记成:1 4 6 //第一行第四列有数 6。

0 2 0 0　　　　2 2 2 //第二行第二列有数 2。

0 0 8 0　　　　3 3 8 //第三行第三列有数 8。

请编程读入一个稀疏矩阵,转换成简记形式并输出。

【算法分析】

本题中需要解决的主要问题是查找非 0 元素并记忆位置。将原始矩阵存于数组 a。转换后的矩阵存于数组 b, 当然 b 数组的行数可以控制在一个小范围内。

【参考程序】

```cpp
#include<iostream>
#include<iomanip>
using namespace std;
const int n=3,m=5;
int main()
{
    int a[n+1][m+1],b[101][4],k=0;
    for(int i=1;i<=n;i++)
        for(int j=1;j<=m;j++)
            cin>>a[i][j];        //初始化矩阵。
    for(int i=1;i<=n;i++)
        for(int j=1;j<=m;j++)
            if(a[i][j]!=0)    //找到非0值，存储。
            {
                k++;
                b[k][1]=i;
                b[k][2]=j;
                b[k][3]=a[i][j];
            }
    for(int i=1;i<=k;i++)
    {
        for(int j=1;j<=3;j++)
            cout<<setw(3)<<b[i][j];
        cout<<endl;
    }
    return 0;
}
```

5.3 字符数组与字符串

★ 5.3.1 字符数组的定义 ★

当数组元素的类型为字符型时,我们称它为"字符数组"。字符数组和字符串的应用是计算机非数值处理的重要方面之一。

字符数组可以存放若干字符,也可以存放字符串。

字符串与字符数组的主要区别如下:

(1)字符串以空字符('\0')作为串结束标记,而字符数组并不限定最后一个字符必须是什么。

(2)字符串常量相当于一个匿名的一维数组,不能用数组元素形式访问某字符,而字符数组具有数组名,每一个数组元素均视为一般常量,可以进行存取操作。

(3)由于字符串的特殊性,特别是它有空字符,因此对字符串的处理要比对字符数组的处理灵活方便一些。

例如:在一维字符数组中存放着带有结束符的若干个字符称为"字符串"。字符串是一维数组,但一维字符数组不等于字符串。

字符数组的定义:

[存储类型] char 数组名 [常量表达式]…;

例如:

char a[10001];

char ch[3][5];

可以直接用字符串常量给一维字符数组赋初始值,例如:

char s[]="a string";

系统将确定一维字符数组 s 由 9 个数组元素组成,其中 s[8] 中的内容是 '\0'。

注意： 下述写法是非法的。

char s[9];

s="a string";

这是因为数组名实际上是一个指针常量，它不允许被重新赋值。

★ 5.3.2 字符数组的赋值 ★

字符数组的赋值类似于一维数组，赋值分为数组的初始化和数组元素的赋值。初始化的方式有用字符初始化和用字符串初始化两种，也有用初始表进行初始化的。

1. 用字符初始化字符数组

char chr1={'a','b','c','d','e','f'};   // 数组 chr1 中存放 6 个字符。

char chr2={'a','b','c','d','e','\0'};   // 数组 chr2 中存放着字符串"abcde"。

初始值表中的每个数据项是一个字符，用字符给数组 chr1 的各个元素初始化，当初值个数少于元素个数时，从首元素开始赋值，剩余的元素默认为空字符。

2. 用字符串初始化数组

用一个字符串初始化一个一维字符数组，形式如下：

char chr3[10]="abcde";

用这种方法要注意：字符串的长度应小于字符数组的大小或等于字符数组的大小减 1。同理，对二维字符数组，可以存放若干个字符串。可使用若干个字符串组成的初始值表给二维字符数组初始化。如：

chr4[3][4]={"abc","bed","ace"};

在数组 chr4 中存放 3 个字符串，每个字符串的长度不得大于 3。

3. 数组元素赋值

字符数组的赋值是给该字符数组的各个元素赋一个字符值。如：

char chr[3];

chr[0]='a';chr[1]='b';chr[2]='c';

相应的二维、三维字符数组的元素赋值也是如此。当需要将一个数组的全部元素值赋予另一数组时，可以用数组名直接赋值的方式，使用字符串拷贝函数来完成。字符串拷贝函数见表 5-1。

4. 字符常量和字符串常量的区别

（1）两者的定界符不同。字符常量用单引号括起来，字符串常量用双引号括起来。

（2）字符常量只能是单个字符，字符串常量可以是多个字符。

（3）可以将一个字符常量赋值给一个字符变量，但不能把一个字符串常量赋值给一个字符变量。

（4）字符常量占一个字节，而字符串常量占用的字节数等于字符串所包含的字符数加 1，多出来的一个字节用来存放字符串的结束标志 '\0'。例如：字符常量 'a' 占一个字节，字符串常量 "a" 占两个字节。

★ 5.3.3 字符串类型处理 ★

既然字符串可以作为一维数组来处理，那么字符串类型的处理，如输入和输出，也可以按照数组元素的处理方法来进行处理，此方法在本节不再详细介绍。

在 C++ 中专门提供了一个系统预定义的字符串类型 string。同时，系统还提供了若干个专门用于处理字符串的标准库函数。在程序中要用这些库函数时，需要在程序前包含头文件 string.h。

1. 字符串输入

从键盘输入一个字符数组，可以使用 scanf 语句或 gets 语句。

（1）scanf 语句

格式：scanf("%s", 字符串名称);

说明：

①这里的字符串名称之前不加取地址运算符"&"。如："scanf("%s",&s1);"语句是错误的。

②系统会自动在输入的字符串常量后添加 '\0' 标志，因此输入时仅输入字符串的内容即可。

③输入多个字符串时，以空格分隔。如：

"scanf("%s%s%s",s1,s2,s3);"语句从键盘分别输入 Here you are，则 3 个字符串分别获取了 3 个单词。反过来可以想到，如果仅有一个输入字符串名称，字符串变量仅获取空格前的内容。如：

"scanf("%s",s1);"语句从键盘分别输入 Here you are，则仅有第一个单词被获取，即 s1 变量获取第一个单词 Here，后面的单词 you 和 are 不被获取。

（2）gets 语句

格式：gets(字符串名称);

说明：

使用 gets 只能输入一个字符串。如：

"gets(s1,s2);"语句是错误的。使用 gets，是从光标开始的地方读到换行符，即读入的是一整行，而使用 scanf 是从光标开始的地方到空格，若这一行没有空格，则一直读到行尾。

如："scanf("%s",s1);gets(s2);"语句对于相同的输入"Hello World!"，s1 获取的结果仅仅是"Hello"，s2 获取的结果则是"Hello World!"。

2. 字符串输出

屏幕输出字符串可以使用 printf 语句或者 puts 语句。

（1）printf 语句

格式：printf("%s", 字符串名称);

说明：

①用 %s 格式输出时，printf 的输出项只能是字符串（字符数组）名称，而不能是数组元素。如："printf("%s",a[2]);"语句是错误的。

②输出字符串不包括字符串结束标志 '\0'。

（2）puts 语句

格式：puts(字符串名称);

说明：puts 语句输出一个字符串和一个换行符。对于已经声明过的字符串 a，"printf("%s\n",a);"和"puts(a);"是等价的。

3. 字符串处理函数

系统提供了一些字符串处理函数，用来为用户提供一些字符串的运算。常用的字符串函数介绍如表 5-1 所示：

表 5-1

函数名	调用格式	含 义
sctcat	strcat(s1,s2)	将字符串 s2 连接到 s1 后面，返回字符串 s1 的值。
strncat	strncat(s1,s2,n)	将字符串 s2 前 n 个字符连接到 s1 后面，返回字符串 s1 的值。
strcpy	strcpy(s1,s2)	将字符串 s2 复制到字符串 s1，返回字符串 s1 的值。
strncpy	strncpy(s1,s2,n)	将字符串 s2 前 n 个字符复制到字符串 s1，返回字符串 s1 的值。
strcmp	strcmp(s1,s2)	比较字符串 s1 和字符串 s2 的大小，返回比较的结果。 如果 s1>s2，返回一个正整数； 如果 s1=s2，返回 0； 如果 s1<s2，返回一个负整数。
strncmp	strncmp(s1,s2,n)	将字符串 s1 和字符串 s2 的前 n 个字符进行比较，函数返回值的情况同 strcmp 函数。
strlen	strlen(s)	计算字符串 s 的长度，终止符 '\0' 不计算在长度之内。
strlwr	strlwr(s)	将字符串 s 中大写字母换成相应的小写字母。
strupr	strupr(s)	将字符串 s 中小写字母换成相应的大写字母。

【例 5.14】字符串处理函数使用示例。

【参考程序】

```
#include<iostream>
#include<cstring>
using namespace std;
int main()
```

```
{
    char s1[65]="I like C++!";
    char s2[35];
    int len1,len2;
    strcpy(s2,"Do you like C++?");
    strcat(s1,s2);    //连接 s1 和 s2。
    strcat(s1,"Yes,I do.");
    if(strcmp(s1,s2))
    {
        len1=strlen(s1);
        len2=strlen(s2);
        cout<<s1<<endl;
        cout<<"s1 的长度是 :"<<len1<<endl;
        cout<<s2<<endl;
        cout<<"s2 的长度是 :"<<len2<<endl;
    }
}
```

运行示例如下：

I like C++!Do you like C++?Yes,I do.

s1 的长度是 :36

Do you like C++?

s2 的长度是 :16

【例 5.15】在应用计算机编辑文档的时候，我们经常遇到替换任务，如把文档中的"电脑"都替换成"计算机"。现在请你编程模拟一下这个操作。

输入两行内容，第一行是原文 (长度不超过 200 个字符)，第二行包含两个字符 A 和 B，要求将原文中所有的字符 A 都替换成字符 B，注意：区分大小写字母。

输入样例：

I love China. I love Beijing.

IU

输出样例：

U love China. U love Beijing.

【算法分析】

首先要将输入的原文保存在字符数组里。然后,在原文中从头开始寻找字符 A,找到一个字符 A,便将其替换成字符 B;继续寻找下一个字符 A,找到了就替换,直到将原文都处理完。下面的程序只能处理单个字符替换,无法处理单词替换。输入样例中 IU 中间没有空格。

```cpp
#include<cstdio>
#include<iostream>
#include<cstring>
using namespace std;
int main()
{
    char st[200];
    char A,B;
    int i,n;
    gets(st);
    scanf("%c%c",&A,&B);  //输入被替换字符和替换字符,中间无空格。
    n=strlen(st);  //计算字符数组 st 的长度。
    for (i=0;i<n;i++)
        if (st[i]==A)
            cout<<B;
        else
            cout<<st[i];
    cout<<endl;
    return 0;
}
```

【例 5.16】过滤多余的空格。

一个句子中也许有多个连续空格,过滤掉多余的空格,只留下一个空格。

输入:一行,一个字符串(长度不超过 200),句子的头和尾都没有空格。

输出:过滤之后的句子。

输入样例:

Hello   world.This is   c language.

输出样例:

Hello world.This is c language.

【算法分析】

scanf 只能一个一个地读"单词",不读空格,while (scanf("%s",&st)==1) 的功能是循环读入数据,在读不到的时候停止循环。

【参考程序】

```cpp
#include<cstdio>
using namespace std;
char st[200];
int main()
{
    while(scanf("%s",&st)==1)
        printf("%s ",st);  // "%s"后要有一个空格,不能省略。
    return 0;
}
```

【例 5.17】对给定的 10 个国家名,按其字母的顺序输出。

【参考程序 1】

```cpp
#include<cstdio>
#include<iostream>
#include<cstring>
using namespace std;
int main()
{
    char t[21],cname[11][21];
    for (int i=1;i<=10;++i)
        gets(cname[i]);          // gets 读取一行字符串。
    for (int i=1;i<=9;++i)       // 用两层循环排序,排序算法详见基础
                                 //     算法部分。
    {
        int k=i;
        for (int j=i+1;j<=10;++j)
            if (strcmp(cname[k],cname[j])>0) k=j;
        strcpy(t,cname[i]);
        strcpy(cname[i],cname[k]);
```

```
        strcpy(cname[k],t);
    }
    for (int i=1;i<=10;++i)
        cout<<cname[i]<<endl;
    return 0;
}
```

【参考程序2】

```
#include<algorithm>
#include<iostream>
#include<string>
using namespace std;
string cname[10];
int main()
{
    for (int i=0;i!=10;++i)
        getline(cin,cname[i]);
    sort(cname,cname+10);      // 利用 C++ 库函数排序。
    for (int i=0;i!=10;++i)
        cout<<cname[i]<<endl;
    return 0;
}
```

【例 5.18】字符串判等。

判断两个由大小写字母和空格组成的字符串在忽略大小写、忽略空格后是否相等。

输入：两行，每行包含一个字符串。

输出：若两个字符串相等，输出"YES"，否则输出"NO"。

输入样例：

a A bb BB ccc CCC   Aa BBbb CCCccc

输出样例：

YES

【参考程序】

```
#include<cstring>
#include<cstdio>
```

```
using namespace std;
const int N=256;
char s1[N],s2[N],a[N],b[N];
int l1,l2;
int main()
{
    gets(s1); gets(s2);
    strlwr(s1);strlwr(s2);    //将 s1,s2 同时转成大写或小写，等同于
                                  strupr(s1);strupr(s2)。
    for (int i=0;i<strlen(s1);++i)
        if (s1[i]!=' ') a[l1++]=s1[i];
    for (int i=0;i<strlen(s2);++i)
        if (s2[i]!=' ') b[l2++]=s2[i];        //处理忽略空格。
    if(strcmp(a,b)==0) printf("YES\n");
    else printf("NO\n");
    return 0;
}
```

【例 5.19】字符串移位包含问题

对于一个字符串来说，定义一次循环移位操作为：将字符串的第一个字符移动到末尾形成新的字符串。

给定两个字符串 s1 和 s2，要求判定其中一个字符串是否为另一字符串通过若干次循环移位后产生的新字符串的子串。例如：CDAA 是由 AABCD 两次移位后产生的新串 BCDAA 的子串，ABCD 与 ACBD 则不能通过多次移位来得到其中一个字符串是新串的子串。

输入：一行，包含两个字符串，中间由单个空格隔开。字符串只包含字母和数字，长度不超过 30。

输出：若一个字符串是另一字符串通过若干次循环移位产生的新串的子串，则输出 true，否则输出 false。

输入样例：

AABCD CDAA

输出样例：

true

【参考程序】

```
#include<cstdio>
#include<cstring>
#include<iostream>
using namespace std;
const int N=61;
char s1[N],s2[N],x[N],t[N];
int l1,l2;int main()
{
    scanf("%s%s",&s1,&s2);
    //将长度短的字符串作为预判断字符串。
    if (strlen(s1)<strlen(s2))
    {
        strcpy(t,s1);
        strcpy(s1,s2);
        strcpy(s2,t);          //将 s1、s2 互换。
    }
    strcpy(x,s1);
    //strstr(s1,s2) 函数用于判断字符串 s2 是否是 s1 的子串。
    if (strstr(strcat(s1,x),s2)==NULL)
        printf("false\n"); //若是，则该函数返回 str2 在 str1 中首次
                            出现的地址；否则，返回 NULL。
    else
        printf("true\n");
    return 0;
}
```

【例 5.20】谁拿了最多的奖学金？（Noip2005 提高组第 1 题）

某校的惯例是在每学期的期末考试之后发放奖学金。发放的奖学金共有 5 种,获取的条件各自不同:

（1）院士奖学金,每人 8000 元,期末平均成绩高于 80 分（>80）,并且在本学期内发表一篇或一篇以上论文的学生均可获得。

（2）五四奖学金,每人 4000 元,期末平均成绩高于 85 分（>85）,并且班级评议成绩高于 80 分（>80）的学生均可获得。

（3）成绩优秀奖，每人 2000 元，期末平均成绩高于 90 分（>90）的学生均可获得。

（4）西部奖学金，每人 1000 元，期末平均成绩高于 85 分（>85）的西部省份学生均可获得。

（5）班级贡献奖，每人 850 元，班级评议成绩高于 80 分（>80）的学生干部均可获得。

只要符合条件就可以得奖，每项奖学金的获奖人数没有限制，每名学生可以同时获得多项奖学金。例如：姚林的期末平均成绩是 87 分，班级评议成绩是 82 分，同时他还是一位学生干部，那么他可以同时获得五四奖学金和班级贡献奖，奖金总数是 4850 元。

现在给出若干学生的相关数据，请计算哪些同学获得的奖金总数最高（假设总有同学能满足获得奖学金的条件）。

输入：

第一行是一个整数 N（1<=N<=100），表示学生的总数。接下来的 N 行每行是一位学生的数据，从左向右依次是姓名、期末平均成绩、班级评议成绩、是否是学生干部、是否是西部省份学生以及发表的论文数。姓名是由大小写英文字母组成的长度不超过 20 的字符串（不含空格）；期末平均成绩和班级评议成绩都是 0 到 100 之间的整数（包括 0 和 100）；是否为学生干部和是否为西部省份学生分别用一个字符表示，Y 表示是，N 表示不是；发表的论文数是 0 到 10 的整数（包括 0 和 10）。每两个相邻数据项之间用一个空格分隔。

输出：

包括 3 行，第一行是获得最多奖金的学生的姓名，第二行是这名学生获得的奖金总数。如果有两位或两位以上的学生获得的奖学金最多，那么输出他们之中在输入文件中出现最早的学生的姓名。第三行是这 N 个学生获得的奖学金的总数。

输入样例：

4

YaoLin 87 82 Y N 0

ChenRuiyi 88 78 N Y 1

LiXin 92 88 N N 0

ZhangQin 83 87 Y N 1

输出样例：

ChenRuiyi

9000

28700

【参考程序】

```cpp
#include <cstdio>
#include <cstring>
using namespace std;
int main()
{   char s[100][20],c1,c2;
    int n,sum=0,max=0,score1,score2,num,a,b,k;
    scanf("%d",&n);
    for (int i=1;i<=n;i++)
    {
    //scanf 读入数据，数据间有一个或多个空格，自动赋给相应的变量。
    scanf("%s %d %d %c %c %d",&s[i],&score1,&score2,&c1,
    &c2,&num);
        a=c1=='Y'?1:0;                //是否为学生干部。
        b=c2=='Y'?1:0;                //是否为西部省份学生。
        int tmp=0;
        if ((score1>80)&&(num>0)) tmp+=8000;     //院士奖学金
        if ((score1>85)&&(score2>80)) tmp+=4000; //五四奖学金
        if (score1>90) tmp+=2000;                //成绩优秀奖
        if (b&&(score1>85)) tmp+=1000;           //西部奖学金
        if (a&&(score2>80)) tmp+=850;            //班级贡献奖
        sum+=tmp;                                //奖学金的总数
        if (tmp>max) {max=tmp;k=i;}              //获奖学金最多的学生
    }
    printf("%s\n%d\n%d\n",s[k],max,sum);
    return 0;
}
```

习题与上机练习

1. 统计数字字符个数

输入一行字符,统计出其中数字字符的个数。

输入:一行字符串,总长度不超过 255。

输出:输出为一行,输出字符串里面数字字符的个数。

样例输入	样例输出
Peking University is set up at 1898.	4

2. 找第一个只出现一次的字符

给定一个只包含小写字母的字符串,请你找到第一个仅出现一次的字符。如果没有,输出"no"。

输入:

一个字符串,长度小于 100000。

输出:

输出第一个仅出现一次的字符,若没有则输出"no"。

样例输入	样例输出
abcabd	c

3. 基因相关性

为了获知基因序列在功能和结构上的相似性,经常需要将几条不同序列的 DNA 进行比对,以判断该比对的 DNA 是否具有相关性。

现比对两条长度相同的 DNA 序列。定义两条 DNA 序列相同位置的碱基为一个碱基对,若一个碱基对中的两个碱基相同,则称为"相同碱基对"。接着计算相同碱基对占总碱基对数量的比例,该比例大于等于给定阈值时则判定该两条 DNA 序列是相关的,否则不相关。

输入:

有 3 行,第一行是用来判定两条 DNA 序列是否相关的阈值,随后 2 行是两条 DNA 序列(长度不大于 500)。

输出:

若两条 DNA 序列相关,则输出"yes",否则输出"no"。

样例输入	样例输出
0.85 ATCGCCGTAAGTAACGGTTTTAAATAGGCC ATCGCCGGAAGTAACGGTCTTAAATAGGCC	yes

4. 石头剪刀布

"石头剪刀布"是一种猜拳游戏,起源于中国,然后传到日本、朝鲜等地,随着亚欧贸易的不断发展传到了欧洲,到了近现代逐渐风靡于世界。简单明了的规则,使得石头剪刀布没有任何规则漏洞可钻,单次玩法比拼运气,多回合玩法比拼心理博弈,使得石头剪刀布这个古老的游戏同时具有"意外"与"技术"两种特性,深受世界人民喜爱。

游戏规则:石头打剪刀,布包石头,剪刀剪布。

现在,需要你写一个程序来判断石头剪刀布游戏的结果。

输入:

第一行是一个整数 N,表示一共进行了 N 次游戏。1<=N<=100。

接下来 N 行的每一行包括两个字符串,表示游戏参与者 Player1、Player2 的选择(石头、剪刀或者是布):

S1 S2

字符串之间以空格隔开,S1、S2 只可能取值在 {"Rock", "Scissors", "Paper"}(大小写敏感)中。

输出:

输出包括 N 行,每一行对应一个胜利者(Player1 或 Player2),或者游戏出现平局,则输出 Tie。

样例输入	样例输出
3 Rock Scissors Paper Paper Rock Paper	Player1 Tie Player2

5. 输出亲朋字符串

编写程序,求给定字符串 s 的亲朋字符串 s1。

亲朋字符串 s1 定义如下：给定字符串 s 的第一个字符的 ASCII 值加第二个字符的 ASCII 值，得到第一个亲朋字符；给定字符串 s 的第二个字符的 ASCII 值加第三个字符的 ASCII 值，得到第二个亲朋字符；依此类推，直到给定字符串 s 的倒数第二个字符。亲朋字符串的最后一个字符由给定字符串 s 的最后一个字符 ASCII 值加 s 的第一个字符的 ASCII 值得到。

输入：

输入一行，为一个长度大于等于 2、小于等于 100 的字符串。字符串中每个字符的 ASCII 值不大于 63。

输出：

输出一行，为变换后的亲朋字符串。输入保证变换后的字符串只有一行。

输入样例：

1234

输出样例：

cege

6. C 语言合法标识符号判断

给定一个不包含空白符的字符串，请判断是否为 C 语言合法的标识符号（注：题目保证这些字符串一定不是 C 语言的保留字）。

C 语言标识符要求：

（1）非保留字；

（2）只包含字母、数字及下划线（"_"）。

（3）不以数字开头。

输入：

一行，包含一个字符串，字符串中不包含任何空白字符，且长度不大于 20。

输出：

一行，如果它是 C 语言的合法标识符，则输出"yes"，否则输出"no"。

输入样例：

RKPEGX9R;TWyYcp

输出样例：

no

7. 配对碱基链

脱氧核糖核酸（DNA）由两条互补的碱基链以双螺旋的方式结合而成。构成 DNA 的碱基共有 4 种，分别为腺嘌呤（A）、鸟嘌呤（G）、胸腺嘧啶（T）和胞嘧啶（C）。我们知道，在两条互补碱基链的对应位置上，腺嘌呤总是和胸腺嘧啶配对，鸟嘌呤总是和胞嘧啶配对。你的任务就是根据一条单链上的碱基序列，给出对应的互补链上的碱基序列。

输入：

一个字符串，表示一条碱基链。这个字符串只含有大写字母 A、T、G、C，分别表示腺嘌呤、胸腺嘧啶、鸟嘌呤和胞嘧啶。字符串长度不超过 255。

输出：

一个只含有大写字母 A、T、G、C 的字符串，为与输入的碱基链互补的碱基链。

输入样例：

ATATGGATGGTGTTTGGCTCTG

输出样例：

TATACCTACCACAAACCGAGAC

8. 密码翻译

在情报传递过程中，为了防止情报被截获，往往需要对情报用一定的方式加密。简单的加密算法虽然不足以完全避免情报被破译，但仍然能防止情报被轻易识别。我们给出一种最简的加密方法，对给定的一个字符串，把其中从 a-y，A-Y 的字母用其后继字母替代，把 z 和 Z 用 a 和 A 替代，其他非字母字符不变，则可得到一个简单的加密字符串。

输入：

输入一行，包含一个字符串，长度小于 80 个字符。

输出：

输出每行字符串的加密字符串。

输入样例：

Hello! How are you!

输出样例：

Ifmmp! Ipx bsf zpv!

9. 加密的病历单

小英是药学专业大三的学生，暑假期间获得了去医院药房实习的机会。

在药房实习期间，小英凭借扎实的专业基础获得了医生的一致好评。得知小英在计算机概论中取得过好成绩后，主任又额外交给她一项任务：解密抗战时期被加密过的一些伤员的名单。

经过研究, 小英发现了如下加密规律(括号中是一个"原文→密文"的例子):

(1)原文中所有的字符都在字母表中被循环左移了 3 个位置(dec → abz)。

(2)逆序存储(abcd → dcba)。

(3)大小写反转(abXY → ABxy)。

输入:

一个加密的字符串(长度小于 50 且只包含大小写字母)。

输出:

输出解密后的字符串。

输入样例:

GSOOWFASOq

输出样例:

Trvdizrrvj

10. 将字符串中的小写字母转换成大写字母

给定一个字符串,将其中所有的小写字母转换成大写字母。

输入:

输入一行,包含一个字符串(长度不超过 100,可能包含空格)。

输出:

输出转换后的字符串。

输入样例:

helloworld123Ha

输出样例:

HELLOWORLD123HA

11. 大小写字母互换

把一个字符串中所有出现的大写字母都替换成小写字母,同时把小写字母替换成大写字母。

输入:

输入一行: 待互换的字符串。

输出:

输出一行: 完成互换的字符串(字符串长度小于 80)。

输入样例:

If so, you already have a Google Account. You can sign in on the right.

输出样例：

iF SO, YOU ALREADY HAVE A gOOGLE aCCOUNT. yOU CAN SIGN IN ON THE RIGHT.

12. 整理药名

有些医生在书写药品名的时候经常不注意大小写，格式比较混乱。现要求你写一个程序将医生书写混乱的药品名整理成统一规范的格式，即药品名的第一个字符如果是字母要大写，其他字母小写。如：将 ASPIRIN、aspirin 整理成 Aspirin。

输入：

第一行一个数字 n，表示有 n 个药品名要整理，n 不超过 100。

接下来 n 行，每行一个单词，长度不超过 20，表示医生手书的药品名。药品名由字母、数字和"＿"组成。

输出：

n 行，每行一个单词，对应输入的药品名的规范写法。

输入样例：

4

AspiRin

cisapride

2-PENICILLIN

Cefradine-6

输出样例：

Aspirin

Cisapride

2-penicillin

Cefradine-6

13. 忽略大小写的字符串比较

一般我们可用 strcmp 比较两个字符串的大小，比较方法为对两个字符串从前往后逐个字符相比较（按 ASCII 码值大小比较），直到出现不同的字符或遇到 '\0' 为止。若全部字符都相同，则认为相同；若出现不相同的字符，则以第一个不相同的字符的比较结果为准（注意：若某个字符串遇到 '\0' 而另一个字符串还未遇到 '\0'，则前者小于后者）。但是，有些时候，我们比较字符串的大小时，希望忽略字母的大小，例如 "Hello" 和 "hello" 在忽略字母大小写时是相等的。

请写一个程序,实现对两个字符串进行忽略字母大小写的大小比较。

输入:

输入为两行,每行一个字符串,共两个字符串(每个字符串长度都小于 80)。

输出:

如果第一个字符串比第二个字符串小,输出一个字符"<";

如果第一个字符串比第二个字符串大,输出一个字符">";

如果两个字符串相等,输出一个字符"="。

输入样例:

Hello, how are you?

hello, How are you?

输出样例:

=

14. 验证子串

输入两个字符串,验证其中一个串是否为另一个串的子串。

输入:

输入两个字符串,每个字符串占一行,长度不超过 200 且不含空格。

输出:

若第一个串 s1 是第二个串 s2 的子串,则输出"(s1) is substring of (s2)";

否则,若第二个串 s2 是第一个串 s1 的子串,则输出"(s2) is substring of (s1)";

否则,输出"No substring"。

输入样例:

abc

dddncabca

输出样例:

abc is substring of dddncabca

15. 删除单词后缀

给定一个单词,若该单词以 er、ly 或者 ing 后缀结尾,则删除该后缀(题目保证删除后缀后的单词长度不为 0),否则不进行任何操作。

输入:

输入一行,包含一个单词(单词中间没有空格,每个单词最大长度为 32)。

输出:

输出按照题目要求处理后的单词。

输入样例:

referer

输出样例:

refer

16. 过滤多余的空格

一个句子中也许有多个连续空格,过滤掉多余的空格,只留下一个空格。

输入:

一行,一个字符串(长度不超过 200),句子的头和尾都没有空格。

输出:

过滤之后的句子。

输入样例:

Hello world.This is   c language.

输出样例:

Hello world.This is c language.

17. 单词的长度

输入一行单词序列,相邻单词之间由一个或多个空格间隔,请计算各个单词的长度。

注意:如果有标点符号(如连字符、逗号),标点符号算作与之相连的词的一部分。没有被空格间开的符号串,都算作单词。

输入:

一行单词序列,最少一个单词,最多 300 个单词,单词之间用至少一个空格间隔。单词序列总长度不超过 1000。

输出:

依次输出对应单词的长度,之间以逗号间隔。

18. 最长最短单词

输入一行句子(不多于 200 个单词,每个单词长度不超过 100),只包含字母、空格和逗号。单词由至少一个连续的字母构成,空格和逗号都是单词间的间隔。

试输出第一个最长的单词和第一个最短的单词。

输入:

一行句子。

输出：

第一行，第一个最长的单词。

第二行，第一个最短的单词。

输入样例：

I am studying Programming language C in Peking University

输出样例：

Programming

I

提示：如果所有单词长度相同，那么第一个单词既是最长的单词也是最短的单词。

19. 单词翻转

输入一个句子（一行），将句子中的每一个单词翻转后输出。

输入：

只有一行，为一个字符串，不超过 500 个字符。单词之间以空格隔开。

输出：

翻转每一个单词后的字符串，单词之间的空格需与原文一致。

输入样例：

hello world

输出样例：

olleh dlrow

20. 字符串 p 型编码

给定一个完全由数字字符（'0','1','2',…,'9'）构成的字符串 str，请写出 str 的 p 型编码串。例如：字符串 122344111 可被描述为"1 个 1、2 个 2、1 个 3、2 个 4、3 个 1"，因此我们说 122344111 的 p 型编码串为 1122132431；基于类似的道理，编码串 101 可以用来描述 1111111111；00000000000 可描述为"11 个 0"，因此它的 p 型编码串即为 110；100200300 可描述为"1 个 1、2 个 0、1 个 2、2 个 0、1 个 3、2 个 0"，因此它的 p 型编码串为 112012201320。

输入：

输入仅一行，包含字符串 str。每一行字符串最多包含 1000 个数字字符。

输出：

输出该字符串对应的 p 型编码串。

输入样例：

122344111

输出样例：

1122132431

21. 判断字符串是否为回文

输入一个字符串，输出该字符串是否为回文。回文是指顺读和倒读都一样的字符串。

输入：

输入为一行字符串（字符串中没有空白字符，字符串长度不超过 100）。

输出：

如果字符串是回文，输出"yes"；否则，输出"no"。

输入样例：

abcdedcba

输出样例：

yes

22. 最高分数的学生姓名

输入学生的人数，然后输入每位学生的分数和姓名，求获得最高分数的学生的姓名。

输入：

第一行输入一个正整数 N（N <= 100），表示学生人数。接着输入 N 行，每行格式如下：

分数 姓名

分数是一个非负整数，且小于等于 100；

姓名为一个连续的字符串，中间没有空格，长度不超过 20。

数据保证最高分只有一位同学。

输出：

获得最高分数同学的姓名。

输入样例：

5

87 lilei

99 hanmeimei

97 lily

96 lucy

77 jim

输出样例：

hanmeimei

23. 找连续出现的字符

给定一个字符串，在字符串中找到第一个连续出现至少 k 次的字符。

输入：

第一行包含一个正整数 k，表示至少需要连续出现的次数。1<=k<=1000。

第二行包含需要查找的字符串。字符串长度在 1 到 1000 之间，且不包含任何空白符。

输出：

若存在连续出现至少 k 次的字符，则输出该字符；否则输出"No"。

输入样例：

3

abcccaaab

输出样例：

c

24. 最长单词

一个以"."结尾的简单英文句子，单词之间用空格分隔，没有缩写形式和其他特殊形式。

输入：

一个以"."结尾的简单英文句子（长度不超过 500），单词之间用空格分隔，没有缩写形式和其他特殊形式。

输出：

该句子中最长的单词。如果多于一个，则输出第一个。

输入样例：

I am a student of Peking University.

输出样例：

University

第六章

函 数

学会了本章知识，你就有了自己制造编程"武器"的能力了，很多强大的编程"魔法"需要功能强大的编程"武器"来实现，强大的编程"魔法师"在向你招手，加油吧，胜利就在不远处！

本章主要内容

函数的基本概念，函数的调用，传值参数与传址参数，函数的递归调用，相关经典算法。

通 过前面课程的学习,我们已经可以编写功能复杂的程序了。所有的程序语句都写在 main 主函数里面,这样做有一个缺点,就是主程序太庞大,使程序阅读和维护变得很难。而且,在 main 主函数里面,如果我们重复使用一个功能,会需要多次重复编写相同的代码,使得程序维护成本很高。

为了解决这些问题,人们引入了"函数"的概念。函数犹如一个个提前做好的模块化的工具箱,它们在 main 主函数之外,在我们编写主函数功能的时候,需要哪一个工具箱就拿哪个工具箱即可。这就是模块化程序设计的思路。

C++ 工程师们已经为我们准备好了许许多多好用的工具箱,比如我们之前用到的返回字符串长度的函数 strlen( )。我们可以通过对使用函数和不使用函数进行对比,感受一下函数的魅力。

例如:char article[100]="I love C++ very much";

使用函数获取字符串 article 的长度:

int len = strlen(article);

不使用函数获取字符串 article 的长度:

int len=0;

while(article[len]!='\0')

　　len++;

len=len-1;　　// 由于 article[len] 最后指向了 '\0' 字符,实际长度应该减 1。

如果程序中多处需要获得字符串长度,函数可以使我们的程序精简、可读性强且节省我们的时间。

除了 C++ 工程师们准备好的各类函数,我们在编程过程中,也应该将程序按照功能划分为若干模块,每个模块包含一个或多个函数,每个函数实现一个特定的功能。一个程序由一个主函数(main)和许多个其他函数组成。执行主函数,在主函数里面调用其他函数,其他函数间也可以相互调用。同一个函数可以调用多次。我们习惯上把自己写的函数称为"自定义函数"。

6.1 函数定义及调用

★ 6.1.1 函数定义格式 ★

程序中用到的函数必须"先定义,后使用",这点跟变量有点儿类似。

函数定义应该包括以下 4 个内容:

(1)指定函数的名称,便于进行调用。

(2)指定函数的类型,指的是函数的处理结果。

(3)指定函数参数名字和类型,告诉调用的程序本函数可以接受的数据量和类型。

(4)执行函数的功能。这是函数最主要的地方。

自定义函数基本格式:

类型名 函数名 (参数列表)

{

　　　函数体

}

对照求最大值函数 max 进行说明

```
int max(int a,int b)
{
    int z;
    if(a>b)
        z=a;
    else
        z=b;
    return z;
}
```

① int max, 这里的 int 表明 max 函数运行完毕后会计算出一个 int 类型的结果,并把这个结果返回给调用 max 的程序。这里与 return z 这条语句是相呼应的。

② max(int a,int b) 小括号里面的称为"形式参数",告诉调用它的程序,想要使用它的话必须给定两个整数。如果不需要参数,可以为空,但小括号不能省略。

③ return z 这条语句是将自定义函数计算结果返回给调用它的程序,它返回的数据类型和 int max 函数的类型是一致的。如果不需要自定义函数计算的结果,可以将自定义函数设为 void 类型。

★ 6.1.2 函数调用方式 ★

自定义函数的目的就是为了调用它，让其在指定的位置处理相应的数据，输出相应结果。

调用一个函数的方法很简单，我们之前也用过很多系统函数，例如：

strcat(a,b);　　　// 无返回值调用。

int len=strlen(a);　// 有返回值调用。

调用函数的一般形式为：函数名 (实参列表)

如果是调用无参数函数，那么"实参列表"可以没有，但小括号不能省略。实参有多个参数，参数之间用逗号隔开。

1. 关于返回值的作用

下面是我们定义的两个函数：

```
void print()
{
    cout<<"***************"<<endl;
    return;
}
```

```
int add(int a,int b)
{
    int c;
    c=(a+b)*10;
    return c;
}
```

print( ) 函数功能为输出一行星号，无返回值。

add( ) 函数功能为计算给定两个整数的和与 10 的乘积，有返回值。

无返回值的函数调用 print( )，就会执行 print( ) 函数中的代码，不需要对计算结果进行处理。

有返回值的函数调用 add(10,20)。此时，由于自定义函数计算之后会"return c;"返回一个值，那么这个值怎么拿到呢？其实可以将 add(10,20) 看作这个返回值 c，可以用 add(10,20) 进行赋值及参与运算等，例如：

int val=add(10,20);　　// 赋值。

cout<<add(10,20)+5;　// 参与运算。

一定要记住一点：之所以自定义函数调用，可以这么使用，就是因为自定义函数被定义时设定了类型及返回值，如果是无返回值（void）类型，是不允许这么使用的。

2. 关于形式参数和实际参数

主调函数和被调用函数之间有数据传递，那么函数定义时需要有参数，此时函数名后面括号中的变量名称为"形式参数"，简称"形参"。

在主调函数中调用一个函数时，函数名后面括号中的参数称为"实际参数"，简称"实参"。

在调用函数过程中，系统会把实参的值传递给被调用函数的形参，或者说形参会从实参获得数据值。

【例 6.1】输出两个整数，要求输出其中较小值。把找最小值的过程定义为函数。

【算法分析】

设计一个自定义函数，实现的功能是给它两个整数，它会找出其中较小的数。我们需要考虑：（1）函数名，要"见名知意"，取 zuixiaozhi；（2）函数类型，由于给定的是两个整数，找出的较小数也是整数，要返回的这个值也是整数，故函数类型为整数；（3）形式参数的个数和类型，应该有两个整数类型的参数，以便从主调函数接收两个整数。

【参考程序】

```cpp
#include<iostream>
using namespace std;
int zuixiaozhi(int a,int b)
{
    int c;
    if(a<b)
        c=a;
    else
        c=b;
    return c;
}
int main()
{
    int a,b;
    cout<<" 请输入两个整数：";
    cin>>a>>b;
```

```
        cout<<zuixiaozhi(a,b)<<endl;

        int x,y,z;
        cout<<"请输入两个整数: ";
        cin>>x>>y;
        z=zuixiaozhi(x,y);
        cout<<z<<endl;
        return 0;
    }
```

主函数中定义的变量 a、b 和自定义函数中的形参 a、b 虽然看着是一样的，但不是同一个变量，里面存储的数据是不一样的。它们相互看不到对方，对于主函数来说它只能用到自己定义的 a、b，对于自定义函数 zuixiaozhi 中的 a、b 是看不到的，反过来也是一样，zuixiaozhi 中只能看到自己的定义的 a、b，看不到主函数中的 a、b。

cout<<zuixiaozhi(a,b)<<endl;

这条语句的作用就是将主函数变量 a、b 的值传递给了自定义函数的 a、b，以达到数据传递的作用。

z=zuixiaozhi(x,y);

形参和实参的名字不需要一样，因为它直接传递的是数值，如上面语句所示。

【例 6.2】写一个判断素数的函数，在主函数输入一个整数，若判断其是素数则输出"YES"，否则输出"NO"。

【算法分析】

我们可以假设有一个函数 prime，它的作用是给它一个整数 n，它会判断 n 是否为素数，若是素数则返回 1，若不是素数则返回 0。这样，我们来做这个题目就非常简单了。

【参考程序】

```
#include<iostream>
using namespace std;
int main()
{
```

```
    int n;
    if(prime(n)==1)
    {
        cout<<"YES";
    }else
    {
        cout<<"NO";
    }
    return 0;
}
```

可惜的是，C++ 并没有给我们提供这个 prime 函数，那我们可以自己动手写一个自定义函数。

【算法分析】

自定义函数的名字叫 prime，返回值是 1 或 0，那么函数的类型可以设置为 bool 类型；形式参数是给定一个整数，形式参数用一个整数类型即可。

剩下的就是函数体部分判定整数 n 是否为素数。一般的做法是根据素数的定义，判定这个整数 n 是否能被 2 至（n-1）整除，若不能则表明 n 是素数，否则表明 n 不是素数。

【参考程序】

```
bool prime(int n)
{
    for(int i=2;i<=n-1;i++)
    {
        if(n%i==0)      // 如果能被 2 => (n-1) 中某个数字整除。
            return 0;   // 一定是非素数，返回 0。
    }
    // 如果能执行到这里，表明上面的循环到结束也没发现 n 被整除，则 n 必
        然是素数，返回 1。
    return 1;
}
```

【例 6.3】 编写一个函数，输入一个整数 N 和符号 C，要求输出这个数字 N 的每个数字字符，但两个数字字符之间用符号 C 间隔。例如：输入 2018, '-'，应输出 "2-0-1-8"。

【算法分析】

main 主函数负责输入整数 N 和间隔符号 C，把分解数字和输出的工作交给自定义函数。

自定义函数需要考虑：(1)函数名称为 chaifen，由于计算结果准备直接在自定义函数中输出，因此没有返回值，函数类型为 void；(2)函数形参，需要给定整数 N 和间隔符号 C，所以形参应该是一个整数、一个字符；(3)无返回值。

函数体中算法：要将一个整数 N 中的每两个数字间插入符号 C，可以想办法将整数 N 中每一位数字拿到，存于数组；遍历数组，每输出一个数字字符，就输出一个符号 C，最后一个数字字符不要输出符号 C 即可。

【参考程序】

```cpp
#include<iostream>
using namespace std;
void chaifen(int number,char op)
{
    int num[1000],key=0;
    //拆分数字 number，得到每一位数字，存于数组 num。
    while(number!=0)
    {
        key++;
        num[key]=number%10;
        number=number/10;
    }
    //由于 num 中存储的是 number 的倒序数字，故需要倒序输出。
    for(int i=key;i>=2;i--)
    {
        cout<<num[i]<<op;
    }
    //最后一个数字单独输出。
    cout<<num[1];
}
int main()
{
    int N;
```

```
        char C;
        cin>>N>>C;
        chaifen(N,C);
        return 0;
}
```

6.2 函数的递归调用

在调用一个函数的过程中又出现直接或间接调用该函数本身,称为函数的"递归调用"。通俗一点讲就是函数自己调用自己。例如:

```cpp
int fib(int n)
{
    int result;
    result = fib(n-1) + fib(n-2);
    return result;
}
```

在调用函数 fib 的过程中,又要调用 fib 函数,这就是一个典型的递归。

你有没有发现这种递归写法会出现什么问题呢? 对,问题就是无限地递归调用下去,程序停不下来了,这不符合算法的有穷性。为了控制好递归的次数,可以使用 if 语句控制好递归的边界,当到达边界时就不要继续递归了。对上面的代码添加边界情况,参考代码如下:

```cpp
int fib(int n)
{
    if(n==1||n==2)
        return 1;
    int result;
    result = fib(n-1) + fib(n-2);
    return result;
}
```

【例 6.4】班级里有 5 个学生,老师问第五个学生多大,他说他比第四个学生大 2 岁。第四个学生说他比第三个学生大 2 岁,第三个学生说他比第二个学生大 2 岁,第二个学生说他比第一个学生大 2 岁。最后问第一个学生,他说他

10 岁。请问第五个学生多大?

【算法分析】

要求第五个学生年龄,需要知道第四个学生年龄;求第四个学生年龄,需要知道第三个学生年龄;求第三个学生年龄,需要知道第二个学生年龄;求第二个学生年龄,需要知道第一个学生年龄。第一个学生年龄是一个具体数值10。而且,每个学生年龄都比前一个学生年龄大2。列表达式就是:

f(5)=f(4)+2

f(4)=f(3)+2

f(3)=f(2)+2

f(2)=f(1)+2;

f(1)=10;

用通用数学公式表示为:

f(n)=f(n−1)+2   (n>1)

f(n)=10   (n=1)

求解 n>1 时,每个学生的年龄求解方式都是相同的,均是前一个学生的年龄加 2。这个过程明显是一个递归的过程,求 f(n) 的年龄,就是求 f(n−1) 的年龄 +2。

递归的过程是先从上而下,f(5) 需要等待 f(4),f(4) 需要等待 f(3),f(3) 需要等待 f(2),f(2) 需要等待 f(1),n=1 是递归边界 f(1)=10,递归到边界后,开始从下而上返回数值;将 f(1)=10 的值返回给等待其的 f(2),可得 f(2)=f(1)+2=10+2=12;f(2) 获得值后返回给等待其的 f(3),可得 f(3)=f(2)+2=12+2=14;f(3) 获得值后返回给等待其的 f(4),可得 f(4)=f(3)+2=14+2=16;f(4) 获得值后返回给等待其的 f(5),可得 f(5)=f(4)+2=16+2=18。递归执行过程如图 6-1 所示:

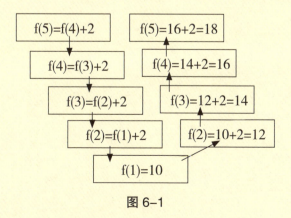

图 6-1

【参考程序】

```cpp
#include<iostream>
using namespace std;
int f(int n)
{
    if(n==1)
        return 10;
    return f(n-1)+2;
}
int main()
{
    int n=5;
    cout<<f(n);
    return 0;
}
```

【例 6.5】使用递归的方式求 1+2+…+99+100 的和。

【算法分析】

假设函数 sum(n) 可以返回 1+2+…+(n-1)+n 的和，那么 sum(n-1) 就是返回 1+2+…+n-1 的和，sum(n) 和 sum(n-1) 存在什么关系呢？

列表达式观察一下：

sum(n)=1+2+…+n-1+n

sum(n-1)=1+2+…+n-1

通过观察可得到：sum(n)=sum(n-1)+n，边界值可以设定为 n=1 时，sum(1)=1。

【参考程序】

```cpp
#include<iostream>
using namespace std;
int sum(int n)
{
    if(n==1)
    return 1;
```

```
        return sum(n-1)+n;
}
int main()
{
        int n=100;
        cout<<sum(n);
        return 0;
}
```

1. 短信计费

题目描述：用手机发短信，一条短信资费为 0.1 元，但限定一条短信的内容在 70 个字以内（包括 70 个字）。如果你一次所发送的短信超过了 70 个字，那么就会按照每 70 个字一条短信的限制把它分割成多条短信发送。假设已经知道你当月所发送的短信的字数，试统计一下你当月短信的总资费。

输入：第一行是整数 n，表示当月发送短信的总次数，第二行有 n 个整数，表示每次发送短信的字数。

输出：输出一行，当月短信总资费，单位为元，精确到小数点后 1 位。

输入样例：

10

39 49 42 61 44 147 42 72 35 46

输出样例：

1.3

2. 素数对

题目描述：两个相差为 2 的素数称为"素数对"，如 5 和 7、17 和 19 等。本题目要求找出所有两个数均不大于 n 的素数对。

输入：一个正整数 n（1 ≤ n ≤ 10000）。

输出：所有小于等于 n 的素数对。每对素数对输出一行，中间用单个空格隔开。若没有找到任何素数对，则输出"empty"。

输入样例：100

输出样例：

3 5

5 7

11 13

17 19

29 31

41 43

59 61

71 73

3. 区间内的真素数

题目描述：找出正整数 M 和 N 之间（N 不小于 M）的所有真素数。

真素数的定义：如果一个正整数 P 为素数，且其反序也为素数，那么 P 就称为"真素数"。

例如：11、13 均为真素数，因为 11 的反序还是 11，13 的反序为 31 也是素数。

输入：输入两个数 M 和 N，以空格间隔，$1 \leq M \leq N \leq 100000$。

输出：按从小到大输出 M 和 N 之间（包括 M 和 N）的真素数，以空格间隔。若之间没有真素数，则输出"No"。

输入样例：10 35

输出样例：11 13 17 31

4. 斐波那契数列

题目描述：用递归函数输出斐波那契数列第 n 项。0，1，1，2，3，5，8，13……

输入：一个正整数 n，表示第 n 项（n<=40）。

输出：第 n 项是多少。

输入样例：3

输出样例：1

5. 进制转换

题目描述：输入一个十进制的数字 N，将其转化为 K（2<=K<=16）进制数。

输入：两个用空格隔开的数字，表示 N 和 K。

输出：N 的 K 进制数字。

输入样例：10 2

输出样例：1010

6. 乒乓球

题目背景：国际乒联前主席沙拉拉自从上任以来就立志于推行一系列改

革，以推动乒乓球运动在全球的普及。其中，11分制改革引起了很大的争议，有一部分球员因为无法适应新规则只能选择退役。华华就是其中一位，他退役之后走上了乒乓球研究工作，意图弄明白11分制和21分制对选手的不同影响。在开展研究之前，他首先需要对他多年比赛的统计数据进行一些分析，所以需要你的帮忙。

题目描述：华华通过以下方式进行分析，首先将比赛中每个球的胜负列成一张表，然后分别计算在11分制和21分制下双方的比赛结果（截至记录末尾）。

比如现在有这么一份记录（其中 W 表示华华获得1分，L 表示华华对手获得1分）：

WWWWWWWWWWWWWWWWWWWWWWLW

在11分制下，此时比赛的结果是华华第一局11比0获胜，第二局11比0获胜，正在进行第三局，当前比分为1比1。而在21分制下，此时比赛的结果是华华第一局21比0获胜，正在进行第二局，比分为2比1。若一局比赛刚开始，则此时比分为0比0。直到分差大于或者等于2，一局才结束。

你的程序就是要对于一系列比赛信息的输入（WL形式）输出正确的结果。

输入：每个输入文件包含若干行字符串（每行至多有20个字母），字符串由大写的 W、L 和 E 组成。其中，E 表示比赛结束，程序应该忽略 E 之后的所有内容。

输出：输出由两部分组成，每部分有若干行，每一行对应一局比赛的比分（按比赛信息输入顺序）。其中，第一部分是11分制下的结果，第二部分是21分制下的结果，两部分之间由一个空行分隔。

输入样例：

WWWWWWWWWWWWWWWWWWWWWW

WWLWE

输出样例：

11:0

11:0

1:1

21:0

2:1

图书在版编目（CIP）数据

人工智能教程.⑩ / 陆德旭主编.—青岛：青岛出版社，2018.10
ISBN 978-7-5552-7744-6

Ⅰ.①人⋯　Ⅱ.①陆⋯　Ⅲ.①人工智能－中小学－教材　Ⅳ.①G634.671

中国版本图书馆CIP数据核字（2018）第226370号

书　　名	人工智能教程⑩
主　　编	陆德旭
本册作者	冯宝庆　孙岩涛
出版发行	青岛出版社（青岛市海尔路182号，266061）
本社网址	http://www.qdpub.com
责任编辑	许朝华
装帧设计	青岛出版社教育设计制作中心
印　　刷	青岛海蓝印刷有限责任公司
出版日期	2018年10月第1版　2019年10月第2次印刷
开　　本	16开（787mm×1092mm）
印　　张	9.75
字　　数	160千
印　　数	4001-8000
书　　号	ISBN 978-7-5552-7744-6
定　　价	36.00元

编校印装质量、盗版监督服务电话：4006532017　　0532-68068638